CONTRE-AMIRAL RÉVEILLÈRE

Hypothèses
et Croyances

(AUTARCHIE)

Honorer Dieu,
Aimer l'humanité,
Agir en brave.
(*Triades.*)

BERGER-LEVRAULT & Cⁱᵉ, ÉDITEURS

PARIS | NANCY
5, rue des Beaux-Arts | 18, rue des Glacis

1904

Hypothèses et Croyances

OUVRAGES DU MÊME AUTEUR

La Conquête de l'Océan. 1 vol. in-12 . . . . 3f 50
Un Coup de sonde dans l'Océan des Mystères. 1 vol. in-12. . . . . 2 »
Tutelle et Autarchie. 1 vol. in-12 . . . . 2 »
L'Europe-Unie. 1 vol. in-12 . . . . 2 »
Croix et Croissant. 1 vol. in-12 . . . . 2 »
Recherche d'Idéal. 1 vol. in-12. . . . . 2 »
Extension, Expansion. 1 vol. in-12 . . . . 2 »
Propos d'Autarchiste. 1 vol. in-12 . . . . 2 »
Christianisme et Autarchie. 1 vol. in-12 . . . . 2 »
Sur le Pont. 1 vol. in-12 . . . . 2 »
Méditations d'un Autarchiste. 1 vol. in-12 . . . . 2 »
Mégalithisme. 1 vol. in-12 . . . . 2 »
Politique autarchiste. 1 vol. in-12 . . . . 2 »
Doutes et hypothèses. 1 vol. in-12 . . . . 2 »
Autarchie religieuse. 1 vol. in-12. . . . . 2 »
Libre penseur et Chrétien. 1 vol. in-12 . . . . 2 »
Pensées d'un libre croyant. 1 vol. in-12 . . . . 2 »
Libres Pensées chrétiennes. 1 vol. in-12 . . . . 2 »

(BERGER-LEVRAULT ET Cie, *éditeurs*.)

Gaules et Gaulois. 1 vol. in-16 . . . . 1 »
Énigmes de la Nature. 1 vol. in-16 . . . . 1 »
A travers l'Inconnaissable. 1 vol. in-16. . . . . 1 »
Graines au Vent. 1 vol. in-16 . . . . 1 »
La Voix des Pierres. 1 vol. in-18. . . . . 1 »
Germes et Embryons. 1 vol. in-18 . . . . 1 »
Réflexions diverses. 1 vol. in-18 . . . . 1 »
Le Haut-Mékong. 1 vol. in-8º. . . . . 2 »
Cochinchine et Cambodge. 1 vol. in-12 . . . . 3 50
Autour du Monde. 1 vol. in-12 . . . . 3 50
Contre Vent et Marée. 1 vol. in-12. . . . . 3 50
Lettres d'un Marin. 1 vol. in-12. . . . . 3 50
Les Trois Caps. 1 vol. in-12 . . . . 3 50
En Mer. 1 vol. in-12 . . . . 1 »
Récits et Nouvelles. 1 vol. in-12. . . . . 1 »
Mers de l'Inde. 1 vol. in-12. . . . . 2 »
Mers de Chine. 1 vol. in-12 . . . . 2 50
Un Jour à Monaco. 1 vol. in-18. . . . . 1 »
A Barcelone. 1 vol. in-18 . . . . 1 »

(FISCHBACHER, *éditeur*.)

CONTRE-AMIRAL RÉVEILLÈRE

Hypothèses et Croyances

(AUTARCHIE)

Honorer Dieu,
Aimer l'humanité,
Agir en brave.
(*Triades.*)

BERGER-LEVRAULT & Cie, ÉDITEURS

PARIS
5, rue des Beaux-Arts

NANCY
18, rue des Glacis

1904

Hypothèses
et Croyances

Locmariaquer, 14 juin 1903.

C'est un devoir sacré de conserver les témoins du passé, le passé est la moitié de la patrie, la patrie se compose de plus de morts que de vivants.

J'éprouvai un sentiment pénible en voyant charger de pierres une charrette au tumulus de Manér-er-Hoek. Aux alentours, les champs sont limités par de petits murs en pierres sèches, empruntées pour la plupart au tumulus. De temps immémorial, les tumulus servent de carrière à moellons.

Tous ces menhirs brisés ou couchés dans la poussière, jadis dressés vers le ciel, donnaient aux campagnes de Carnac et de Locmariaquer un aspect singulièrement imposant.

A l'ombre des monastères druidiques, à côté des populations rêveuses de pasteurs ou d'agriculteurs laborieux fourmillait une population de pêcheurs,

de hardis marins, d'audacieux marchands. Tout ce
monde de travailleurs, foncièrement religieux, se
laissait conduire par une théocratie intelligente et
tolérante qui le dominait par sa culture supérieure,
sa science, son amour de la justice; car les druides,
nous apprend l'antiquité classique, étaient les plus
justes des hommes.

Les alignements de Carnac sont sans doute pré-
druidiques, ils sont bien certainement l'œuvre des
néolithiques. Après avoir longtemps vécu dans sa
puissante barbarie, cette vigoureuse société néolithique s'était lentement policée sous l'influence des
missionnaires druides, venus dans ces contrées
pour y implanter leurs couvents. Ces religieux ne
contrarièrent en rien les coutumes des peuples
qu'ils venaient éclairer. Loin de faire la guerre aux
menhirs et aux dolmens, ils les adoptèrent.

Peut-être les premiers druides apparurent-ils
avec le bronze ?

Les premiers néolithiques se contentaient de
lever de grandes pierres, telles qu'ils les rencon-
traient, au lieu où elles se trouvaient.

Pour quiconque examine les menhirs sans idée
préconçue, il en est d'époques bien différentes :

1° L'époque de la pierre brute ; 2° l'époque de la
pierre travaillée.

Pour s'en convaincre, il suffira de jeter un coup
d'œil sur les photographies des menhirs de Quiberon

ou de Carnac et du menhir de Kergadiou (près Portzpoder, Finistère).

Les menhirs de la pierre brute appartiennent bien (pas tous) à l'époque néolithique ; les seconds (Kergadiou, Kerloas, Locmariaquer) appartiennent à l'époque du bronze et même du fer. En effet, quand on les examine en détail avec attention, on ne peut échapper à l'idée qu'ils ont été plus ou moins travaillés avec des instruments de métal.

Des frustes menhirs de Carnac aux menhirs manifestement taillés et polis, il s'écoula sûrement bien des siècles. Là, sans doute, l'irrésistible loi du développement fit son œuvre. Nous savons d'ailleurs que le progrès est d'autant plus lent qu'il se rapproche davantage de son origine. L'initiale inertie humaine est comme le frottement au départ.

C'est toujours la mise en train qui est pénible, l'aigle ne sort pas de l'œuf prêt à planer dans les airs, à franchir les espaces. Les néolithiques, après avoir dressé sur place les premières pierres venues, en vinrent peu à peu, par la pratique, l'émulation et l'excitation due au succès, à manier des blocs énormes.

Dans cette partie de la côte qui fait face à l'archipel rocheux de l'atterrage de Brest, le nombre et la variété des menhirs intacts sont relativement considérables. On ne peut manquer de les comparer et l'on arrive, pour beaucoup d'entre eux, à se faire une idée de leur âge relatif, comme, dans une forêt non aménagée, on embrasse d'un regard le développement d'une essence.

Le grand menhir de Brignogan est une énorme pierre non transportée, on l'a simplement relevée sur place. Près de Saint-Renan, le merveilleux menhir de Kerloas — le plus beau monument mégalithique intact — a été manifestement transporté et visiblement travaillé. Le menhir de Kergadiou, inférieur en dimension à celui de Kerloas, est une vraie colonne régulière. Ici l'on entre dans le domaine de l'art. L'homme ne se contente plus de prouver sa force, il montre déjà un certain développement de son goût naturel pour la symétrie, la beauté et la régularité des formes.

La pierre se polissait en même temps que les hommes, la religion s'élevait de la grossière sorcellerie des chamanes à la hautaine philosophie des Mystères des Bardes.

Bon nombre de menhirs, plus ou moins façonnés, ne ressemblent guère à ceux de Quiberon, aux formes étranges, composant au clair de lune un groupe fantastique des plus impressionnants.

Locmariaquer fut un centre commercial important. Il y eut là une société riche, une capitale semi-religieuse, semi-maritime d'une grande activité. Là de hardis aventuriers, moitié marchands, moitié pirates, vivaient côte à côte avec un ordre reli-

gieux ouve... à tous, habitué à la domination, vio-
lemment tourmenté par les éternels problèmes de
notre destinée.

On a fait aux pierres des alignements de Carnac
une réputation d'énormité qui leur nuit en amenant
une déception inévitable dans l'esprit du visiteur.
Il faut les voir seul par une belle nuit étoilée ou
mieux par un beau clair de lune; le plein soleil
n'est pas favorable aux évocations. Aucun détail
n'intéresse dans ces pierres brutes, plantées telles
quelles, leur ensemble seul impressionne. Pour être
compris, l'antique demande une contemplation noc-
turne. La nuit du ciel, par un rapport intime avec
la nuit du temps, poétise et grandit les objets, l'in-
décision des formes s'accorde avec le vague des
lointains du passé.

Il faut rapprocher par la pensée les alignements
de Carnac de la masse considérable, mais dissémi-
née, des œuvres préhistoriques qui les environnent.
Il faut surtout se préparer par une étude préalable
de l'antiquité qui déploya ces efforts. Il faut se figurer, bien vaguement sans doute, mais se figurer
néanmoins, cette société assurément très barbare,
mais très cohérente et singulièrement originale qui,
sans appareil mécanique, sut accomplir des travaux
considérés comme difficultueux pour des gens mu-
nis des ressources de l'industrie moderne. On se
prend de passion pour ces ancêtres si ingénieux

dans leur ignorance, car ici l'ignorance devient une
preuve d'ingéniosité, en même temps que de vigueur et de volonté.

Les alignements de Carnac gagnent à être vus
avec les yeux du ressouvenir. Ils produisent cet
effet singulier : après une première impression toute
de désappointement, ils n'en laissent pas moins
dans l'esprit une image durable qui grandit avec le
temps.

Si les alignements de Carnac désenchantent le
spectateur à première vue, le menhir de Locmariaquer les stupéfie. A chacune de mes nombreuses
visites, de jour, de nuit, aux dernières lueurs du
crépuscule, il m'a semblé plus imposant.

Autour du menhir monstre, de tous côtés d'im-
portantes ruines : le vaste tumulus de Mané-Lud,
un dolmen ruiné, l'allée couverte de la Table-des-
Marchands, l'allée couverte de Mané-Rétual où une
pierre de onze mètres de long sur cinq mètres de
large plafonne la chambre sépulcrale — devant
Mané-Retual un menhir tombé, car très fréquemment un menhir se dresse devant les allées cou-
vertes.

D'après M. de Paniagua, ce menhir était l'idole
et l'allée couverte était le vestibule, non d'une
chambre sépulcrale, mais d'un lieu sacré où le
chamane, prédécesseur du druide, se retirait pour
accomplir ses pratiques mystérieuses et redoutables

et d'où il sortait pour annoncer les volontés des
esprits. J'ai visité maintes fois le fameux tumulus
de Gavrinis. A l'une de mes visites, par une mati-
née d'été, le soleil se trouvait dans le plan de l'allée couverte dont il éclairait largement l'entrée. En
pénétrant dans la galerie, on a devant soi de profondes ténèbres et l'idée classique de tombeau se
présente naturellement à l'esprit en vertu de cette
relation, plus ou moins juste, établie dans notre
esprit, entre la nuit et la mort. Quand on se re-
tourne pour sortir de la chambre sépulcrale, l'impression est fort différente : l'aspect de ce long couloir en grande partie éclairé et s'ouvrant en pleine
lumière conduit naturellement à l'hypothèse de
M. de Paniagua. Toutes les fois que j'ai visité Gavrinis avec le même éclairage, j'ai éprouvé la même
impression.

Malgré tout, cette hypothèse, si séduisante qu'elle
soit, est inadmissible. En effet, on a toujours trouvé
dans la chambre sépulcrale soit des cendres, soit
des poteries ayant renfermé des cendres, soit des
traces d'ossements. Les tumulus avec ou sans galerie étaient certes des tombeaux.

Cependant cette galerie avait bien pour but de
mettre la chambre sépulcrale en communication
avec l'extérieur.

L'hypothèse la plus probable est qu'à une certaine époque du développement préhistorique, ou

dans certains cas, on pénétrait dans le tumulus, comme jadis dans les pyramides, pour faire des offrandes au mort ou renouveler ses provisions.

Le tumulus des Mégalithes est l'embryon de la pyramide égyptienne. Sans doute, c'est un essai barbare, mais la même pensée a bien présidé à la construction des monuments de Chéops et de Cheffren et à ceux de Mané-Lud, des Pierres-Plates et de Gavrinis. En Égypte, la maison des nobles, le palais des rois, les tombeaux et les temples étaient construits sur le même plan. Et nous savons, de source certaine, qu'on allait visiter les morts.

Ce qu'il y a de bien certain, c'est qu'il y a deux sortes de tumulus : ceux de Mont-Saint-Michel et de Mané-er-Hoek (d'ordinaire plus petits)... sous lesquels la chambre sépulcrale est entièrement enfouie et sans communication avec l'extérieur — ceux de Mané-Lud, de Gavrinis... dans lesquels le dolmen intérieur (d'ordinaire plus vaste) communique au dehors.

Le tumulus de Mané-er-Hoek couvre un dolmen à l'entrée duquel on trouva une pierre profondément gravée de hiéroglyphes — de tous côtés des menhirs tombés — l'allée couverte des Pierres-Plates — dans le lointain, sur la rive opposée du Mor-Bihan, le tumulus de Cumiac.

Dans une île voisine, le tumulus de Gavrinis couvre le long couloir souterrain et la crypte mystérieuse aux problématiques sculptures, livre aux feuillets de pierre, intraduisible à jamais.

Dans quelques rares tumulus, il n'a été trouvé ni trace d'ossements, ni urnes funéraires, mais des amulettes posées sur le terrain dans un arrangement manifestement mystique.

Devant la perfection du monument de Gavrinis, on se demande s'il n'est pas postérieur au chamanisme et s'il ne faut pas l'attribuer à l'époque druidique et même gauloise. En tout cas, ce travail appartient à une civilisation déjà bien avancée.

Une suite ininterrompue de dolmens et de menhirs plus ou moins épars unit le remarquable groupe des monuments de Locmariaquer au vaste tumulus de Saint-Michel.

Évidemment, les alignements de Carnac sont de beaucoup antérieurs aux grands monuments de la cité préhistorique de Locmariaquer. Ici bon nombre de menhirs ont été travaillés. Ce n'est plus la pierre brute. Le colosse de Locmariaquer a été équarri et poli; quand on le dressa, on était sorti de l'époque de la pierre brute.

La Table-des-Marchands recouvre une des plus vastes cryptes dolméniques connues. Si l'on contemple la pièce magnifique qui forme, à elle seule, la paroi verticale du fond et supporte le poids de la majeure partie de la Table, il ne viendra à l'esprit de personne que l'on a sous les yeux une pierre naturelle sur laquelle on s'est contenté de graver des signes.

Elle a le dessin d'une mitre; la symétrie, par rapport à la verticale abaissée du sommet, ne laisse rien à désirer. Les bords de la mitre ont été visiblement arrondis par la main de l'homme.

Sans doute on a profité de la forme naturelle d'un bloc pour lui donner, sans un travail trop considérable, l'aspect qu'il nous présente, mais sans doute aussi il a subi un travail important.

Un tailleur de pierre qui, dans l'espèce, a bien voix au chapitre, affirmait à M. Le Rouzic, conservateur du musée de Carnac, que cette partie du monument porte là trace évidente d'un travail effectué avec des outils de métal, notamment avec un ciseau.

Mais ce fait reste : les tumulus renferment tantôt des dolmens sans accès, tantôt des dolmens précédés d'une galerie servant à faire communiquer la crypte avec le dehors. Ces deux genres de dolmens si différents devaient être affectés à des usages fort différents ou du moins correspondre à des conceptions fort différentes. Néanmoins les uns et les autres étaient des tombeaux. Il est très remarquable que les dolmens sans communication sont bas, tandis que dans les dolmens à galerie on se tient aisément debout. La galerie du dolmen servait évidemment à mettre en communication les vivants avec les morts.

Le menhir se dressait près des tombes, au bord des chemins, dans les lieux mémorables, aux limites du territoire ; partout le menhir symbolisait le Dieu protecteur et secourable. Il remplissait toutes les fonctions des Croix et Crucifix de nos jours, s'il en remplissait d'autres. Les croix ont remplacé les menhirs ; un grand nombre de croix ont été taillées dans des menhirs, ce sont des menhirs transformés.

Quelquefois on les groupait en cromlechs, enceintes sacrées.

C'est, semble-t-il bien, un des caractères de la religion mégalithique de n'avoir jamais tenté de représenter la ou les divinités sous une forme saisissable. Peut-être, probablement même, le menhir a-t-il symbolisé cette puissance que nous sentons vaguement sans la comprendre, mais dont le primitif, lui, sent, avec une extraordinaire intensité, l'omniprésence sous des formes multiples. Si le menhir, comme l'affirment M. de Paniagua et d'autres archéologues, avait été une idole phallique, comment se fait-il qu'on ne trouve jamais le phallus reproduit dans les gravures sur pierre, les amulettes et les bijoux ? Cette hypothèse paraît dénuée de toute vraisemblance pour quiconque a comparé les formes d'un grand nombre de menhirs.

La primitive religion des Mégalithes, comme son héritière le druidisme, s'est absolument interdit toute figuration des puissances surnaturelles. Ainsi

firent l'hébraïsme et l'islamisme qui proscrivaient
même la représentation de tout vivant. L'homme
quaternaire était déjà un éminent artiste; comment
les ingénieux et puissants Mégalithes auraient-ils
repoussé un art si développé, si la religion ne lui
avait pas été hostile?

Il est cependant une légende irlandaise peu con-
forme à l'opinion précédente. Cette légende prétend
qu'un cercle de menhirs entourait l'idole révérée de
toute l'Irlande, idole en or. (En Bretagne, on retrouve nombre d'amulettes, mais pas de trace d'i-
dole.) Quand saint Patrick eut brisé l'idole irlandaise, l'esprit qui l'animait se mit au service du
saint. Un jour les fées demandèrent à cet étrange
serviteur, avec qui elles avaient conservé de bonnes
relations, quand les portes du paradis leur seraient
ouvertes : « Certainement pas avant le jugement
dernier, répondit le serviteur du saint. » Furieuses
de la réponse, les fées se mirent en grève. Jusqu'a-
lors les cultivateurs se bornaient à porter aux
champs bêches et faucilles ; les fées bêchaient et
moissonnaient.

Dans le Panthéon celtique de l'Irlande, les dieux
s'unissaient aux mortelles pour renaître d'elles et
se rajeunir dans leur sein, étant à la foi époux et fils
de la même femme ; ils étaient leur propre père. Les
dieux, comme les hommes, étaient donc soumis à
la réincarnation. Les exemples de réincarnation

abondent, ainsi Étar, femme d'un chef de l'Ulster, devint enceinte pour avoir avalé un petit insecte tombé dans sa coupe, lequel insecte n'était autre qu'Étain Échraïde, épouse d'un thuâla de Danam, métamorphosée par les incantations du druide Étar-Iain. Étain Échraïde, ainsi réincarnée, renaît au monde pour redevenir femme comme elle était.

Sur le continent, la réincarnation des âmes après décès peut être considérée comme générale ; comme l'expliquent les Mystères des Bardes, la renaissance suit la mort.

Toutes les religions découlent d'une double source : l'adoration de la nature et le culte des morts. Le menhir est le symbole de la religion naturiste des Mégalithes ; le dolmen est la preuve de l'importance du culte des morts dans leur mentalité.

La société assurément barbare qui effectua ces travaux énormes était, de toute nécessité, une société nombreuse puissamment hiérarchisée et dont nous sommes issus.

Dans toute religion primitive, on croit à la survie, mais il n'y a ni ciel, ni enfer, on continue dans l'autre monde la vie *que l'on s'est faite* en celui-ci et, généralement (pas toujours), on attend ainsi le moment de la réincarnation.

Telle est bien l'idée fondamentale des Mystères des Bardes.

D'après la doctrine très répandue de la réincarnation, nous revenons sur la terre *tels que nous nous sommes faits* dans une existence antérieure. D'après les héritiers des druides (en tête l'illustre Jean Reynaud), nous vivrons dans un autre astre, d'une vie également limitée, plus ou moins intense, selon les facultés acquises dans notre passage terrestre.

On peut discuter les origines des Mégalithes, on ne peut nier qu'ils formaient une grande personnalité morale.

Malte et Gozzo renferment des monuments mégalithiques.

En Kabylie, les sanctuaires musulmans ont remplacé les chapelles dont les décombres recouvrent les cromlechs. On retrouve donc également leurs traces dans la Méditerranée et dans la mer du Nord.

Il fallait que les Septentrionaux dolméniques fussent d'habiles et hardis navigateurs, puisque, partis des côtes de la Hollande et du Danemark, ils abordaient les rivages d'Albion et en Calédonie, puis dans les Orcades, les Hébrides.

La petite île de Bardsey (dont la population monte à soixante-douze insulaires des deux sexes) nous montre l'intime relation des abbayes et des couvents druides ; elle nous donne la preuve irréfutable de ce fait d'ailleurs bien connu : les abbayes ont remplacé les communautés druidiques. Jadis les moines du pays de Galles étaient enterrés à Bardsey, *comme*

les druides leurs prédécesseurs. Pendant une di-
zaine de siècles, Bardsey fut le cimetière religieux
du pays de Galles, dont la christianisation est d'ailleurs à peine achevée.

Les abbayes de l'Irlande, asile des sciences et
des arts, ont éclairé l'Occident à l'époque la plus
ténébreuse de son histoire. Cet éclat s'explique (on
ne peut l'expliquer autrement) par la haute culture
intellectuelle des communautés druidiques qu'elles
remplacèrent et dont elles sont issues.

Voici un fait bien singulier, dont je ne puis dou-
ter, le tenant de M. Le Rouzic, conservateur du
musée de Carnac, archéologue peu porté au merveilleux. La municipalité de Locmariaquer, ayant
décidé de creuser un puits, s'adressa à un chercheur
de sources pour désigner le point favorable, ce
qu'il fit en tenant à la main sa baguette divinatoire
de bouleau. A peine eut-on commencé à creuser la
terre, que l'on tomba sur la margelle d'un puits
romain maçonné, comblé, mais parfaitement intact.

Au temps des druides, comme chez les Parsis,
une fête des morts se célébrait du 1er au 2 novem-
bre. Il y a cent ans à peine qu'en l'honneur des
morts, les laboureurs fournissaient une journée de
travail dont le produit allait aux pauvres ; à cette
même date, chacun se considérait comme obligé à
d'abondantes aumônes au nom des défunts. On ne
peut plus pieusement honorer les morts.

Les dolmens, que l'on rencontre à chaque pas dans certains cantons de la Bretagne, nous montrent combien le culte des morts tenait de place dans la religion de nos pères. Le culte des saints, qui en est une dérivation, lui a succédé. Le culte des saints a tout envahi ; il est devenu la religion populaire en remplaçant à la fois le culte des grands morts et des petits dieux locaux, culte auquel le peuple était le plus attaché. On se soucie peu du Dieu de tous, beaucoup trop occupé, il a tant à faire !.. il est bien préférable de s'adresser à un petit dieu familier avec qui l'on puisse jaser de ses petites affaires et lui demander des grâces pour la vache qui vêle et la santé de son veau.

En 81 avant notre ère, raconte Appien, après avoir chassé les garnisons de toute la Cappadoce, Mithridate, d'une maison d'*origine iranienne,* offrit à Zeus Stratios un sacrifice traditionnel sur une haute montagne : « On en surmonte le sommet d'une cime plus élevée, faite d'un entassement de bois que les rois sont les premiers à apporter. On entoure ce bûcher d'un autre disposé en cercle. En haut, on va placer du lait, du vin, de l'huile, des aromates de toute espèce. » Ces sacrifices, imités de ceux qu'accomplissaient les monarques perses, ont évidemment la même origine que nos modestes feux de la Saint-Jean.

D'après le mazdéisme, les âmes créées à l'origine

attendent au ciel le moment de descendre sur la terre pour y revêtir un corps. Les Esséniens professaient la même croyance, mais ils considéraient cette prise de corps comme une défaillance, comme la chute d'âmes qui se sont laissé séduire par les jouissances de la chair. Pour l'Iranien, le corps est l'instrument de combat contre Ahriman. Le mazdéisme, comme le druidisme, comprend le monde comme un champ clos ; pour l'un et l'autre, prendre un corps, c'est revêtir une armure. Pour le mazdéisme, l'homme doit conquérir par son énergie le bonheur éternel dans le royaume d'Ormazd ; pour le druidisme, il sort de ce monde mieux armé pour des luttes nouvelles. Car l'horreur du repos que professaient nos pères, leur amour passionné de la lutte et des combats se reportaient naturellement dans leur religion, reflet de leur conception de la vie. Pour eux, vivre c'était lutter.

Le mazdéisme et surtout le druidisme étaient des religions de lutteurs. Comme le druidisme, le mazdéisme authentique professe la croyance en une spiritualisation continue de l'univers.

Si la constitution de l'Église et sa discipline, dans la Grande-Bretagne, sont l'œuvre de Rome, son évangélisation est bien due aux vertus et au dévouement des moines celtes, continuateurs incontestables des communautés druidiques.

De toutes les provinces romaines, celle qui a le

plus énergiquement lutté contre l'invasion germa-
nique est la Grande-Bretagne, les Anglo-Saxons
n'ont triomphé qu'après deux cents ans de luttes
meurtrières. Il est naturel que la tradition celte se
soit mieux conservée dans le pays de Galles, le plus
abrité, d'abord de l'influence romaine, puis de l'influence anglo-saxonne.

Sans aucun doute, antérieurement à l'ère chrétienne, les druides possédaient un corps de doctrine
relatif à la réincarnation et à la métempsycose.
Pour l'Hindou et le pythagoricien, la renaissance
était un châtiment; pour les Druides, elle était
un bienfait.

Tous les primitifs imaginent une existence de
l'au-delà analogue ou identique à l'existence terrestre; on y mène, dans les mêmes conditions, la même
vie.

L'idée de progrès ne peut, en effet, se présenter
à l'esprit du primitif.

C'est la caractéristique tout à fait exceptionnelle
du Celte, d'avoir introduit l'idée du progrès indéfini
dans la croyance à la vie future. C'est son bien propre. Si chaque race a pour fonction de représenter
plus spécialement une idée de l'humanité, telle est
la pensée que la race celte représente. Cette idée
du progrès dans la série de nos existences successives est bien l'essence même du druidisme, ou du
moins de la très noble religion qui en est issue, et

dont nous trouvons la sublime doctrine si nettement formulée dans les Mystères des Bardes. La vie
de l'au-delà, conformément à la conception primitive, est bien le prolongement, la continuation de
l'existence a 'nelle, mais ce prolongement est un
progrès. Même une mauvaise vie, après une régres-
sion temporaire, ne doit pas être une épreuve absolument inutile au perfectionnement de la personnalité qui l'a vécue.

Pour les primitifs, avons-nous dit, la survie est
bien un prolongement de la même existence ; mais
une existence en quelque sorte atténuée, quelque
chose comme l'ombre d'une existence vécue. Pour
le panthéisme hindou, basé sur la métempsycose,
l'âme s'incarne dans des corps animaux ou dans des
corps humains selon ses mérites, jusqu'à ce que par
la contemplation elle parvienne à l'annihilation de
la personnalité s'évanouissant dans le Grand Tout.

[La survie des philosophes grecs est une immortalité dans laquelle l'âme, débarrassée de ses entra-
ves et du fardeau de la matière, plane dans le vide.
Cette immortalité abstraite, antipathique aux masses, leur paraît, non sans raison, ressembler singulièrement au néant ; elles réclament du concret,
exigeant une existence réelle, inséparable d'un
corps réel.

(Le christianisme satisfit à ce dernier besoin en
empruntant au mazdéisme le dogme de la résurrec-

tion ; impuissant d'ailleurs à nous fournir un paradis désirable, il déploya une prodigieuse fécondité
dans l'invention des supplices réservés à l'humanité
par le soi-disant Père céleste. Nous sommes deve-
nus réfractaires à ce dernier ordre d'idées et, sous
la pression de l'opinon publique, l'enseignement
de l'Église a dû singulièrement tempérer son enfer.

Pour les Pauliciens, Jésus, né homme, a été
adopté par Dieu, la *Clef de la vérité,* écrite au
IXe siècle, faisant autorité pour les Pauliciens.

Cette secte, fondée par l'Arménien Paul, renou-
vela au IXe siècle la doctrine des manichéens. Chas-
sée d'Orient, elle pénétra en Italie au Xe siècle et
en France au XIe. Les Albigeois l'adoptèrent. Dans
le paulicianisme, le bien est identifié avec l'esprit,
le mal avec la matière. Le paulicianisme professe
la transmigration des âmes. Il existe une preuve
matérielle du lien entre le catharisme et le dualisme mazdéen ; c'est l'usage du vêtement sacré que
portaient les vrais croyants cathares, mais qui n'é-
tait pas l'apanage d'une caste sacerdotale, le catharisme, comme le manichéisme, étant avant tout
antisacerdotal.

Le catharisme a des rapports étroits avec le manichéisme oriental qui, lui-même, dérive du dualisme mazdéen. Dans l'empire d'Orient, les manichéens furent constamment persécutés entre 350
(sous Constance) et 1115 (sous Alexis Comnène).

Le manichéisme procède lui-même du mazdéisme. D'après le mazdéisme, l'univers est le produit des énergies créatrices d'Ormazd (la lumière ou le bien) et des énergies destructives d'Ahriman (les ténèbres ou le mal) en luttes continuelles.

Mettant le dualisme à part, n'est-il pas étrange de voir renaître sur notre sol, après de longs siècles, la grande doctrine de la transmigration des âmes, jusqu'à purification complète, qui faisait le fond de la religion de nos pères? Et nous la voyons revenir en Gaule de ce même point qui fut, dans le passé préhistorique, son point de départ originel.

Dans le procès-verbal de l'interrogatoire de Limoux Noir, subi à Carcassonne en 1326, cet hérétique soutient, avec la facilité du cathare accoutumé de longtemps à la croyance à la transmigration des âmes, que Jésus a été condamné à la croix en expiation de fautes par lui commises dans une vie antérieure. Il soutient fermement la doctrine de la transmigration des âmes jusqu'à purification complète. Les âmes, créées par Dieu à l'origine du monde, gardent leur personnalité en traversant d'innombrables corps.

Ainsi, tandis qu'au pays de Galles la société bardique, héritière de la vieille tradition, se décidait à mettre par écrit cette doctrine des druides qui ne devait se transmettre qu'oralement, des hérétiques venus d'Orient la rapportaient dans le midi de la

Gaule — où elle fut accueillie avec un empressement dont l'atavisme seul peut donner l'explication.

Tant qu'on nous élèvera dans l'idée que nous sommes de race latine, nous resterons imbus de l'esprit latin et, par conséquent, étatistes. En réalité, nous descendons de ces Mégalithes celtisés, fanatiques de personnalisme, comme il ressort clairement des Mystères des Bardes. Les Mégalithes étaient agriculteurs — *on asservit les populations agricoles, on ne les détruit pas.* LES MÉGALITHES CELTISÉS ET DRUIDISÉS SONT BIEN NOS ANCÊTRES. Rome a bien imposé sa domination, mais sans altérer notre sang. En pays conquis, le sang étranger disparaît dans le sang indigène.

A la conquête de la Rome politique a succédé la conquête de la Rome religieuse. Sous des formes diverses, depuis César, la lutte se continue entre le personnalisme gaulois et l'autoritarisme romain.

Le conflit entre l'esprit celte, toujours vaincu mais toujours révolté, et le génie romain fait le fond de notre histoire.

*
* *

Toute grande religion, à un moment donné de son existence, se fait un « Livre sacré ». Le druidisme n'a pas manqué à cette règle ; il nous a laissé les Mystères des Bardes. Comme il était interdit aux druides de rien écrire de leurs doctrines, ce n'est que vers le xiie siècle que les successeurs des Bardes se décidèrent à les rédiger. Naturellement la vieille doctrine s'était laissé pénétrer par le christianisme ambiant ; d'ailleurs, à la simple lecture, on fait aisément la part revenant à chacun. Sans hésitation, au premier abord, on reconnaît ce qui est chrétien et ce qui appartient au druidisme.

Les Mystères des Bardes sont évidemment une très habile et très noble synthèse du christianisme et de la vieille religion de nos pères.

*
* *

La religion est le vase contenant ce parfum : confiance.

*
* *

Autre chose est la foi, autre chose les croyances... la foi est une confiance entière en l'Être souverain.

*
* *

Nous sommes d'autant plus libres que nous nous croyons plus libres... suprême miracle de la foi.

*
* *

L'humanité accomplit sa marche triomphale à travers des montagnes de sottises et des fleuves de sang... et devant ce spectacle à la fois troublant et sublime, on reste saisi par l'éternelle et redoutable antinomie : une aversion invincible pour la cause inconnue de tant de souffrances et d'obstacles, un profond respect pour l'Esprit qui la guide.

*
* *

La thèse de l'inutilité finale de la lutte de l'homme moral contre la bête humaine par le triomphe du premier est une erreur de Spencer. Il déclare qu'un jour les facultés morales de l'homme seront assez développées pour que leur exercice ne coûte aucune peine. Au terme de l'évolution, la conduite morale sera devenue la conduite naturelle : le devoir se sera transformé en instinct et en plaisir. C'est là une pure illusion. Par cela même que l'homme modifie sans cesse, en le compliquant de plus en plus, le milieu où il vit, il n'y aura jamais adéquation parfaite entre les tendances de sa nature et les exigences de son milieu. En réalité, la civilisation, à mesure qu'elle marche, suscite de nouveaux problèmes, soulève de nouvelles difficultés, soumet notre sensibilité à de nouvelles tentations, impose à notre volonté de nouveaux devoirs. L'idée d'un paradis où quelque mécanisme social dispen-

serait l'individu de tout effort moral (selon le
marxisme) et l'idée d'une évolution qui aboutirait
à transformer les hommes en anges impeccables
(selon le rêve de Spencer) ne sont que de dange-
reuses utopies.

Selon la solution fouriériste, qui est bien la solution socialiste, toutes nos passions étant bonnes,
il n'y a pas à lutter contre elles, mais à les satisfaire.
C'est une solution simple d'une grande commodité.

*
* *

Le problème de l'éducation est bien moins de
faire de l'homme un animal plus intelligent que les
autres, que d'en faire autre chose qu'un animal,
c'est-à-dire un être qui se sent responsable et se
gouverne dignement sous son propre contrôle.

*
* *

Sans doute les déterminations de la pensée humaine sont d'une variété infinie, mais une logique
interne les gouverne. Aussi, sous les aspects religieux les plus divers à première vue, on retrouve
la même inspiration dans toutes les religions primi-
tives.

*
* *

Le véritable progrès est la reconnaissance de la valeur absolue de la personne humaine.

*
* *

Bizarre exemple du respect inné pour le produit du travail d'autrui (ce qui est le respect de la propriété) : un Yakoute ne voulut pas ramasser un canard sauvage tué par un faucon : « C'est un péché, dit-il, de profiter du travail d'autrui, il s'est donné de la peine pour l'attraper. »

*
* *

L'intelligence est cette force inconnue qui, de l'intuition, tire la connaissance ; tout ce que nous savons, c'est que l'intelligence humaine a son origine dans une évolution de l'intelligence animale.

*
* *

C'est un travers de l'esprit français d'apprécier l'homme plutôt par son intelligence que par son caractère. Cependant, dans la conduite de la vie, l'intelligence compte bien peu près du caractère.

*
* *

Il y a plus de bien que de mal dans le monde,

sans cela le monde serait défunt depuis longtemps.
La loi de l'évolution est une consolation et une
espérance.

*
* *

Nous sommes tous faillibles, nous avons tous
besoin d'indulgence... Ce qui est vraiment impar-
donnable, c'est de ne pas accepter loyalement les
conséquences de ses actes ; ce qui est absolument
criminel, c'est de vouloir les rejeter sur autrui.

*
* *

L'espèce humaine n'a pu parvenir à la conception
de la moralité que par un long exercice de la volonté.

La doctrine de la chute n'a pas de sens, l'homme
ayant commencé par être amoral.

Le péché originel, c'est l'animalité originelle.

L'homme n'a pas commencé par mésuser d'une
liberté morale qu'il n'avait pas.

*
* *

Pour Hegel, l'idéal est la monarchie parlemen-
taire et chrétienne des Anglais. Le despotisme oriental est, pour lui, le plus bas degré de la vie morale

et politique. En religion, cet athée est très respec-
tueux du christianisme : « La religion, dit-il, est la
région où toutes les énigmes trouvent leur solution, où toutes les contradictions de la pensée se
résolvent en harmonies, où toutes les douleurs du
sentiment s'épuisent ; la région de la vérité éternelle
et de l'éternelle paix. Là coule le fleuve Léthé, où
l'âme boit l'oubli de tous les maux. Là toutes les
obscurités du temps se dissipent à la clarté de l'infini. Dans la conscience de Dieu, l'esprit est délivré
de toute forme limitée. »

*
* *

Il faut bien que des périls accompagnent le noble
privilège exclusivement humain de la liberté morale.

*
* *

La religion nous apparaît comme un produit historique, comme toutes les institutions humaines.

Nous nous arrêtons d'ailleurs devant ce point
d'interrogation : quel est le moteur de ce développement qui constitue l'histoire ?

La loi de Darwin, la concurrence vitale, est bien
une réponse ; nous ne nions pas la réalité de ce fac-
teur, mais nous en affirmons l'insuffisance.

*
* *

La matière de nos organes se renouvelle dans un temps assez court, la forme seule est stable. Il y a déperdition constante, d'où nécessité d'une réparation constante. Cette réparation s'opère par l'assimilation des aliments. Si l'homme ne pourvoit pas à cette assimilation, il souffre ; cette assimilation exige la consommation de produits qui coûtent une peine, et il ne se donnerait sûrement pas cette peine si la souffrance ne l'y contraignait pas.

D'autre part, il y a souffrance encore quand nous consommons au delà du besoin.

La menace de la souffrance (et par suite sa possibilité) est donc le moteur et le régulateur de la vie.

La souffrance (au moins au point de vue de la vie animale) a son rôle — elle a sa raison d'être, au moins comme menace ; elle est le fouet qui fait marcher l'humanité dans la voie du progrès vers un but qui échappe d'ailleurs aux plus clairvoyants.

* *
*

La Divinité ne se dévoile en faveur de personne.

*
* *

J'ai sous les yeux, les plans du navire négrier « le Brook », avec le plan d'arrimage des nègres ; c'est un problème peu commode à résoudre, en

effet, celui d'arrimer (en dehors du capitaine et de
l'équipage) 45o hommes et femmes (on a même été,
paraît-il, jusqu'à l'invraisemblable chiffre de 6oo)
sur un navire de *trente* mètres de long (3o^m,47) et
huit mètres de large (7^m,71) avec les vivres et l'eau
nécessaires pour les empêcher de mourir de faim
pendant une longue traversée comme celle de la
côte des Esclaves à la Havane.

On éprouve un sentiment d'horreur devant ce
plan d'arrimage d'êtres humains qui rappellent la
disposition des sardines en boîte et l'on se pose,
sans le résoudre, le problème fort important des
évacuations. Car les pauvres nègres n'avaient évidemment par des corps glorieux.

Sans doute la mort éclaircissait les rangs... mais
mieux valait entasser beaucoup d'hommes sauf à en
perdre davantage, le prix de l'esclave à la côte étant
minime et très élevé au point d'arrivée.

Je ne connais pas de métier plus infâme que
celui de capitaine de négrier — le pirate, du moins,
courait la chance du combat et de la corde, ce qui
donne à ses crimes une sorte de prestige malsain —
le capitaine de négrier exerçait paisiblement son
abominable trafic sous la protection gouvernemen-
tale.

Les Nantais pratiquaient volontiers le commerce
de *bois d'ébène,* comme on disait par euphémisme.
Dans la vie privée, c'étaient de très braves gens,

ces capitaines nantais, bons époux, bons pères de famille, guidés par l'honnête désir d'amasser une dot pour leurs filles, d'ailleurs fervents catholiques et convaincus d'être fort bons chrétiens.

Et devant de pareilles inconsciences, on se demande avec effroi : mais qu'est-ce donc que la morale ?

Quand on est trop écœuré par les ignominies de notre temps, il faut faire un retour en arrière, et l'on constate un progrès, bien faible sans doute, mais réel, dans la morale publique. Un sentiment d'horreur soulèverait aujourd'hui toutes les consciences devant ces abominations qui ne choquaient personne il y a moins d'un siècle.

Lorsque la traite fut supprimée par une convention anglo-française, le commerce du bétail noir n'en continua pas moins en contrebande, mais dans des conditions plus horribles. Pour faire disparaître les preuves du délit, maintes fois les négriers, apercevant des croiseurs anglais, ont jeté à la mer leur cargaison humaine, sans autre regret d'ailleurs que celui de la perte de leur peine et de leur pacotille.

L'homme est supérieur aux animaux, mais, trop souvent, c'est dans l'accomplissement du mal qu'il déploie le plus d'intelligence.

*
* *

Ce qui caractérise le monde antique, c'est le mé-

pris de la vie humaine ; le peu de pitié qui règne
dans le monde est un fruit chrétien, il serait injuste
de le nier.

Le cirque était une école de mépris de la vie
humaine.

L'empereur Julien, poursuivant les Perses, ren-
contra une troupe de 5 000 femmes et enfants aban-
donnés. L'austère philosophe les fit tous massacrer.
L'historien raconte le fait comme la chose la plus
naturelle du monde et ajoute avec une parfaite indifférence : « et nous poursuivîmes notre route. »

Nous massacrons encore... mais du moins on s'en
indigne ; c'est peu, c'est cependant quelque chose.

*
* *

Pour Kant, notre nature est caractérisée par la
coexistence d'un bon principe considéré comme
primitif et d'un mauvais — ne serait-ce pas précisément le contraire ? Le mauvais principe n'est-il
pas notre nature animale originaire ? Le bon principe n'est-il pas l'esprit général du milieu ambiant
(l'Esprit-Saint de la théologie), mauvais, lui aussi,
à son origine, mais dont la morale et la moralité
s'améliorent indéfiniment ?

*
* *

La liberté est la cause de la plupart de nos maux, mais elle est la dignité du monde.

*
* *

La liberté est bonne, car le but de ce monde, dit Renan, est le développement de l'esprit, et la première condition du développement de l'esprit est la liberté.

Mais comment l'esprit se manifeste-t-il ? Toujours par des individualités fortement constituées.

*
* *

Il y a vérité et vérité, la vérité poétique et la vérité raisonnée. Une légende, enfantine pour le rationaliste (trop souvent à l'esprit étroit), peut renfermer une vérité poétique et, sous cette forme, s'emparer du cœur ; elle est souvent plus efficace qu'un raisonnement froid et juste qui n'agit que sur l'intelligence.

*
* *

Dans les Annales de la Société de sauvetage, je trouve au nombre des prix décernés :

PRIX GABRIELLE LEMAIRE

Fondé par M. et Mme Lemaire en souvenir de leur fille morte prématurément.

Cette récompense décernée à l'héroïsme ne vaut-elle pas mieux qu'un monument de pierre?

Depuis longtemps, les Parsis professent cette doctrine que le culte des morts doit revêtir la forme de bienfaits en leur nom. Les disciples de Zoroastre estiment que le meilleur moyen d'honorer les morts est de soulager en leur nom les vivants.

*
* *

La plaine de Waterloo ressemble à bon nombre d'autres plaines; le paysan y travaille préoccupé de sa moisson, sans grand souci des scènes tragiques dont cette terre fut le théâtre. On y dresse en vain des monuments, ces monuments bientôt ne lui diront plus rien.

Déjà Sedan n'intéresse guère plus les voyageurs que les Pourrières de Marius.

Ainsi de nous, c'est par une providentielle grâce d'état que nous nous imaginons être quelque chose, quand, autour de nous, tout s'effondre dans l'éternel abîme du néant.

C'est un spectacle à la fois ridicule et sublime, celui des efforts de l'homme, cet éphémère, pour fixer les événements qui s'écoulent avec le sablier du temps.

Pourquoi attacher tant d'importance à nos actes, au passé qui ne nous appartient plus? Y a-t-il donc d'autres réalités que la jouissance et la douleur du moment ?

*
* *

L'homme libre est la floraison terrestre, mais la liberté est le fruit du travail et de l'énergie ; elle réclame un grand effort moral.

*
* *

Pour conquérir l'autarchie personnelle, l'individu est tenu de s'affirmer lui-même comme être libre et volontaire en face de l'univers fatal.

*
* *

Le culte, manifestation *extérieure* de la religion, est nécessairement soumis à la surveillance publique — il n'y a jamais dans la pratique de liberté absolue. D'où l'on peut conclure qu'une religion est d'autant plus libre qu'elle est moins rituelle et plus individuelle.

*
* *

La maîtrise de l'individu sur lui-même, dit M. de Molinari, n'a pas progressé du même pas que la maîtrise sur la nature.

Le fait est malheureusement incontestable.

On peut trouver une sorte de consolation dans la réflexion suivante : l'idéal humain s'est élevé et plus l'idéal s'élève, plus l'effort pour l'atteindre est pénible — il peut donc arriver que, tout en s'améliorant, les hommes s'en écartent davantage et s'estiment moins tout en valant mieux.

*
**

D'après M. Blondel, c'est parce qu'il ne croit à aucune vie future réparatrice que le prophétisme s'acharne à poursuivre la justice avec une vigueur inconnue chez tout autre peuple.

C'est fort possible.

Pour la même raison, le socialisme est systématiquement athée. En effet, on a trop employé la justice de l'autre monde à étayer l'injustice en celui-ci.

A notre avis, l'incertitude de la rémunération est la condition même de la dignité humaine.

La *certitude* d'une rémunération dans l'autre monde aurait l'inconvénient de dispenser de la justice en celui-ci ; d'autre part, la *certitude* de l'inexistence de toute peine ultérieure aurait généralement des conséquences démoralisatrices.

L'homme a besoin d'*espérance ;* mais une espérance n'est pas une certitude.

*
**

Nous sortons de l'inconscience pour nous élever à la conscience ; le troupeau primitif devient une personne morale que nous appelons *nation* — l'animalité devient humanité.

*
* *

Dans la genèse de la religion, nous trouvons comme principaux facteurs, d'abord l'élément émotionnel (désir ou crainte), puis l'imagination, le besoin d'expliquer les mystères de l'existence. Elle est un état d'âme où la volonté est inconsciente, où la connaissance est intuitive.

*
* *

Mirabeau dit : « Dieu est aussi nécessaire à l'homme que la liberté. »

Certes, je ne sais ce qu'est Dieu en lui-même — je ne sais, ni ne puis savoir ce qu'il est absolument ; mais je puis tenter de me rendre compte de ce qu'il est par rapport à l'homme. — Eh bien, pour moi, homme, Dieu est la source de la liberté humaine.

*
* *

La science est admirable assurément, mais *comme moyen ;* malgré tous les progrès, elle mériterait une médiocre estime, si l'on ne voyait en elle un instrument de justice et d'amélioration morale.

*
* *

Les religions sont des formes sensibles de principes nécessaires à l'entendement humain dans sa marche vers le but assigné par une puissance mystérieuse.

Moïse — Crainte,
Jésus — Amour,
Luther — Liberté.

Crainte, amour, liberté ont été les propulseurs successifs du progrès humain.

Chacun de ces principes a dû dominer à son tour selon notre développement moral.

La crainte seule pouvait maintenir des hommes grossiers, violents, sensuels, dominés par les instincts de la brute. Le terrible Yaveh a dû précéder le doux Jésus ; la religion de la crainte devait précéder la religion de l'amour. Le règne de la liberté n'est possible que là où les hommes s'en rendent dignes par une bienveillance mutuelle — la quantité d'autarchie que peut porter une société est proportionnelle à cette bienveillance.

*
* *

L'athéisme, ne voyant dans la nature que le fonctionnement fatal de forces inconscientes, nie le gouvernement de l'homme par lui-même et, par suite, le devoir. L'athée logique est anarchiste.

Le panthéisme est la philosophie rationnelle du

socialisme, c'est-à-dire l'absorption de l'individu dans la masse — dans l'Inde, l'idéal religieux est l'évanouissement dans la contemplation du Grand-Tout — en Europe, l'idéal socialiste est d'éteindre la personnalité humaine dans une vaste organisation d'État.

La croyance en un Dieu agissant, c'est l'affirmation de l'activité humaine, parce que le Dieu du croyant est toujours sa propre image idéalisée.

*
* *

« L'homme s'agite, Dieu le mène » ; le mène à quoi ? A la perfection par l'évolution, mais que le but est lointain et que la marche est lente ! Marchons quand même ; pas de faiblesse !

*
* *

Je comprends à la rigueur la matière engendrant un monde physique, mais non un monde pensant.

Quant à la méthode employée par le grand Penseur, j'avoue n'y rien comprendre. Il avait sans doute ses raisons pour faire précéder le monde humain par le monde des dinosaures, mais ses raisons ne s'accordent guère avec ma raison !

*
* *

Qu'est la conscience dans ce monde d'illusions?

C'est, me semble-t-il, la puissance de nature inconnue qui groupe les atomes de son enveloppe — laquelle enveloppe met une conscience en relation avec le monde extérieur.

Le monde que je connais n'existe qu'en moi.

J'appelle tel corps, l'or par exemple, un corps solide... Ce soi-disant corps solide se compose d'un nombre quasi infini d'atomes, tous vibrants, tous fort écartés par rapport à leur volume; la vitesse avec laquelle ils vibrent constitue la température de ce corps.

Et toutes les consciences, par l'intermédiaire de leur enveloppe, sentent de la même manière, ou plutôt s'accordent dans l'expression de leurs sensations. — Cela n'est-il pas vraiment merveilleux?

*
* *

Pour le bouddhisme, Dieu est la loi de l'éternelle gestation du Cosmos, mais cette Loi n'a pas de législateur.

*
* *

La loi mécanique a seule régné sur notre monde lors de la formation de la nébuleuse originaire du système solaire, puis les lois complexes de la vie font leur apparition ; c'est encore le régime de la Nécessité — puis la conscience humaine se dégage lentement de la conscience animale et la liberté fait son apparition sur la planète.

Sur la planète ont apparu des êtres responsables ; dès lors, ce qui a été n'a pas toujours été nécessaire.

La liberté est le couronnement de l'œuvre divine.

Dieu n'agit plus seul sur la terre..... la bête de somme du Maître est devenu l'ouvrier du patron et le patron l'a élevé au rang d'associé.

L'homme est devenu l'associé de Dieu.

*
* *

Le beau se sent, ne se définit pas.

*
* *

Patiens quia æternus — Dieu, dit Képler, a bien pu attendre 6 000 ans un contemplateur de son œuvre (ceci n'est pas de la modestie, même pour un Képler).

Il a même attendu beaucoup plus, car la terre est bien autrement vieille que ne le croyait Képler.

Mais, avant Képler, en d'autres mondes, Dieu, sans doute, eut des contemplateurs bien autrement intellectuels que Képler.

*
* *

Je constate l'évolution; j'en ignore la cause.

Cette cause inconnue pour mon esprit borné, dans le besoin que j'ai de lui donner un nom, je l'appelle l'esprit de Dieu.

*
**

Il existe sans doute une *matière* de la connaissance, mais il existe aussi un esprit qui l'ordonne.

*
**

A la conception d'une révélation extérieure et subite, faite à ce stade où l'entendement humain était parfaitement incapable de la saisir, nous devons substituer une conception historique dans laquelle l'éducation de l'humanité s'opère lentement dans la direction d'une révélation progressive, immanente, mystérieuse et qui est, quoi qu'on puisse dire, une inspiration de Dieu.

*
**

Nous assistons à toutes les transformations successives d'un œuf en poulet, mais nous ignorons le principe actif qui y procède; nous assistons aux effets, nous ne connaissons rien de la force causale qui les produit.

Malgré tous les efforts de la science, nous sommes à cet égard aussi ignorants que le sauvage qui cassa le premier un œuf.

*
* *

A propos des « Pensées d'un libre croyant », un de mes amis m'écrit le billet suivant :

Mon déisme est très vague, mais je sens Dieu dans ma conscience. De plus, il me semble voir sa manifestation continuelle dans la reproduction de l'être, dans cette forme toujours différente qui fait que la cellule se segmente avec une tendance particulière, laquelle produit l'être ressemblant à ses parents, non seulement par les traits physiques, mais aussi par le caractère. Combien compliquée et incompréhensible à notre intelligence est cette force qui bâtit un être complet sur une simple cellule ! Le Dantec dit : « Les cellules ont de la mémoire », mais que veut dire ce mot *mémoire* appliqué à la matière inintelligente ?

En dehors de ce fait, le cerveau, organe matériel, ne peut, au moyen de l'éther, s'assimiler que des impressions matérielles. Tout ce qui n'est ni matière ni éther, tout ce qui est en dehors de la forme, de l'étendue du temps, ne peut tomber sous le raisonnement. Le raisonnement humain est un instrument de mesure, de classement de faits matériels qui ont sensationné le cerveau par l'intermédiaire des sens. La dialectique ne peut procéder que par déduction des phénomènes.

Or, le devoir, le dévouement, l'indulgence, ne sont pas des déductifs d'une matière qui n'obéit qu'au principe du moindre effort et, par suite, absolument égoïste. Ces sentiments existent cependant, d'où je conclus à quelque chose au-dessus de la matière et qui ne peut être que Dieu.

*
* *

L'illusion est inhérente à notre nature (tout n'est-il pas illusion, d'après la philosophie hindoue ?); s'il est une illusion devant la raison, stupéfiée par l'infinité de l'univers, c'est bien celle de notre importance, dont nous sommes convaincus par une grâce vraiment providentielle.

L'illusion s'approcherait un peu plus de la réalité, si chacun de nous est une force individuelle appelée à de hautes destinées en progressant toujours. Ce serait d'ailleurs une consolation de n'être rien dans l'espace, que d'être quelque chose dans le temps.

*
* *

Action des choses sur le moi — Sensation, passivité.

Action du moi sur les choses — Volonté, liberté.

*
* *

D'après Pythagore, le Tartare était un véritable purgatoire, d'où les hommes ressortaient pour revivre sur terre, aussi longtemps qu'il était nécessaire à la complète purification.

*
* *

Un savant italien, le professeur Muroni, affirme que certains individus, par leur seule approche, font dévier le galvanomètre.

C'est bien possible ; nous sommes encore dans une grande ignorance des mystérieuses fonctions du toujours mystérieux éther.

*
* *

L'omniprésence de Dieu étant une idée trop ample pour l'étroit intellect du primitif, il met des dieux partout pour tenir lieu du Dieu qui est en tout.

Au fond, l'idée de la multiplicité des esprits est bien la même que celle de l'omniprésence de l'esprit.

* *
*

Jetons un coup d'œil sur la constellation du petit Renard, rien ne nous y fait soupçonner la présence de la moindre nébuleuse — un instrument moyen nous permet de distinguer vaguement une indécise petite tache très faiblement lumineuse — dans un instrument plus fort, avec un peu de brillant, elle prend la forme d'un haltère — un plus puissant instrument, avec de l'éclat, lui donne la forme d'un battant de cloche.

Le monde extérieur dépend entièrement des moyens dont nous disposons pour le contempler.

L'astronomie nous fait sentir de mille manières combien le monde réel (du moins le monde relativement réel) diffère du monde révélé par les sens.

On est encore bien plus frappé de ce fait par la contemplation de la nébuleuse des Chiens de chasse, nébuleuse insignifiante dans un instrument ordinaire qui se transforme dans le télescope de lord Ross en un tourbillon de millions de soleils — vrai *soleil* de feu d'artifice dans lequel chaque étincelle est un soleil.

*
* *

Tylor a montré que le spiritisme n'est que la renaissance des vieilles croyances celtiques ; le corps astral n'est pas autre chose que le corps immatériel du taïsh de l'Écosse, des Hébrides et de l'Irlande.

Mais la science n'a-t-elle pas constaté quelque chose d'analogue au double ou au taïsh, quand elle a séparé le conscient de l'inconscient? — séparation que nous pouvons tous constater en chacun de nous, mais qui, dans certains cas et chez certaines personnes, prend un caractère vraiment extraordinaire. Cette séparation entre le conscient et l'inconscient est parfois si nette, qu'on en vient à se demander si tous deux appartiennent bien à la même personne.

*
* *

Suivant Pindare, ceux de qui Perséphone acceptera la rançon d'une faute antique seront renvoyés par elle, au bout de neuf ans, vers la lumière supérieure. Telle est l'origine des puissants et des rois magnifiques.

Si la doctrine de la transmigration des âmes règne aujourd'hui dans une grande partie de l'Asie, on peut dire qu'elle fut à peu près universelle dans le monde antique, mais la Gaule l'adopta avec une ferveur particulière ; ce fut son dogme de prédilection, comme en témoignent les Mystères des Bardes.

*
* *

Pour Eckhart, la nature est le développement de

Dieu ; plus de médiateur, l'homme n'a qu'à prendre conscience de soi pour trouver Dieu.

*
* *

A Monsieur Paul-Hyacinthe Loyson.

Peste, mon cher ami, vous n'y allez pas de main-morte avec vos questions indiscrètes ! Vous me demandez ce que je pense de Dieu ? ? ?

Eh bien, voilà ! je n'en pense absolument rien ; confession pénible pour mon amour-propre. C'est peut-être bête de croire à quelque chose dont tout ce qu'on peut dire est : je n'en connais rien.

Ce n'en est pas moins comme ça.

Je crois (parce que je ne puis autrement) au *Deus absconditus ;* je le cherche, autre bêtise, le sachant introuvable, en dépit de la formule évangélique : « Cherchez, vous trouverez ».

J'ai confiance en un *Deus absconditus.* Voilà tout ce que je puis dire et rien de plus. *Je ne sais rien,* mais j'ai confiance et je prie parce que j'ai confiance.

Confiance, c'est toute ma profession de foi.

*
* *

Autant que nous pouvons pénétrer le suprême mystère de la création de l'être moral, de la personnalité libre, fin suprême de l'univers, cette création n'était possible que par voie d'évolution.

*
* *

Si je songe à cet immense nuage de matière cosmique d'une invraisemblable ténuité qu'est une nébuleuse et si je me dis que, dans la suite des temps (une éternité pour les éphémères terrestres, un instant dans la création éternelle), cette nébulosité (invisible à l'œil, petite tache blanchâtre à peine perceptible dans de puissants télescopes) se transformera un jour en mondes habités par des pensants moraux et libres, j'ai peine à ne pas croire à l'intervention d'une intelligente volonté — et, parce que je ne puis la comprendre, ce n'est pas une raison pour la nier.

*
* *

Si je nie tout ce que je ne comprends pas, quelle affirmation m'est permise ?

*
* *

Que l'esprit soit une transformation de la matière — que la matière devienne esprit ou donne naissance à l'esprit — que l'esprit et la matière soient distincts ou identiques — qu'il n'y ait ni esprit ni matière, mais une inconnue que nous appelons tantôt esprit, tantôt matière, selon la façon dont nous l'envisageons — tout cela reste et restera à tout jamais une insaisissable énigme.

En revanche, nous avons une conscience très nette d'un Moi et d'un Non-moi.

Nous avons conscience de notre volonté, de représentations qui cachent des réalités et de l'action de notre volonté sur ces représentations.

Nous sommes des volontés.

*
* *

L'être libre des mondes divers porte en soi la suprême raison de l'univers.

*
* *

Nous concevons certainement l'infini, si nous ne le comprenons pas, ce qui suppose en nous, selon Kant, une faculté *supra*-sensible.

*
* *

Pourrait-on dire que le monde existe, s'il n'y avait personne à le penser?

En dépit du matérialisme, la seule réalité c'est la pensée. L'univers c'est Dieu pensant.

*
* *

Dieu se révèle à nous dans le développement intellectuel et moral de l'humanité, dans la transformation lente (bien lente) de la bête en homme.

A la manière dont il opère, on sent que Dieu est éternel.

*
* *

Je vois, par l'évolution, la cellule devenir une personne morale et libre. J'assiste à ce développement, je le suis minutieusement dans ses progrès. Ce développement est le produit d'un mouvement, mais je ne vois pas le moteur.

*
* *

Quelle étrange tendance est la nôtre de juger tout le possible par le possible que nous connaissons sur notre globule terrestre !

Sans doute les lois que nous découvrons dans notre minuscule domaine sont applicables à tout l'univers; mais combien les conséquences de ces lois peuvent être modifiées par des éléments que nous ignorons !

*
* *

La rose, le lis, le bluet, reçoivent la même lumière, la réflexion moléculaire produit la différence

des couleurs. Les arbres sont verts parce qu'ils ren-
voient le vert en absorbant les autres couleurs. Les
divers Moi s'approprient différemment la même
lumière que projette sur eux le Non-moi et refusent
l'assimilation de tel ou tel de ses rayons.

*
* *

Il n'est point de soleil isolé, le nôtre subit certainement l'influence de ses voisins, la solidarité
des mondes est un fait.

*
* *

Le but de la société est l'éducation de la personne; est-ce seulement pour l'éducation terrestre
d'un éphémère ? La personnalité disparaît-elle précisément quand elle est formée ? alors ce monde est
sans but.

*
* *

Le corps humain est chose si compliquée, et notre
âme serait simple ! Quelle manie est la nôtre de
transporter dans le monde de l'esprit les notions
du monde matériel ! Pourquoi une âme complexe
serait-elle plus périssable qu'une âme simple ? La
complexité et la simplicité sont-elles applicables à
un monde dont nous ne savons rien ?

*
* *

La libellule, dit Flammarion, qui plane au-dessus des eaux dans les chaleurs de juillet, ne sait pas que l'hiver existe. Pour porter un jugement fondé sur l'univers, il faudrait le connaître dans l'éternité du temps et l'infini de l'espace.

*
* *

Paganisme.	Christianisme.
Fatalité.	Liberté.
Dédain de la vie humaine.	Respect de la vie humaine.
Règne de la Force.	Souveraineté de l'Esprit.
Guerre.	Travail.
Valeur de l'homme déterminée par la naissance.	Valeur de l'homme fixée par ses œuvres.
Aristocratie.	Démocratie.

Le jour où un pape, recevant une délégation de la noblesse romaine, a dit : « Dieu aime l'aristocratie, il a plu à Jésus-Christ de naître noble », il a rompu avec la communion chrétienne pour retourner au paganisme.

*
* *

La seule chose nécessaire, dit Renan, c'est la noblesse intellectuelle et morale. Assurément, mais comment s'élever à cette noblesse morale ?

*
* *

Le roi d'Angleterre est sacré sur une pierre (non pas directement, car elle est sous son trône) dont la légende ne manque pas d'intérêt. Ce n'est ni plus ni moins que la pierre sur laquelle dormit Jacob. Une princesse égyptienne la transporta à Saint-Jacques-de-Compostelle ; de là, elle partit pour l'Irlande où elle servit au sacre des rois de la verte Érin ; enfin, la voyageuse alla définitivement se fixer à Westminster.

Avec quelle candeur je suis resté en contemplation devant la tiare de Saïtapharnès ! et que de gens l'ont admirée, comme moi, avec une foi parfaite ! Supposez la farce jouée deux siècles plus tôt, la tiare serait aujourd'hui parfaitement authentique.

Combien de reliques ont l'authenticité de la tiare de Saïtapharnès !

*
* *

« Il n'y a rien de nouveau sous le soleil. » L'Église n'a pas eu le mérite de l'invention des Indulgences. Comme tant d'autres choses, elle les emprunta au paganisme.

Platon, dit M. Goblet d'Alviella, dénonce les orphéotélestes qui, attribuant des livres sacrés à Orphée et à Musée, s'en allaient de porte en porte offrir, moyennant une honnête commission, le rachat des péchés de toute une famille et même des ancêtres.

*
* *

Le vicaire de celui qui n'avait pas une pierre où reposer sa tête laisse après lui pas mal de jolis millions.

*
* *

Le christianisme primitif fut absolument laïque. Le sacerdoce est une institution païenne; le prêtre a pris les fonctions de l'hiérophante.

Tous les chrétiens portaient le nom de *prêtres,* dit M. Goblet d'Alviella dans sa profonde étude sur les Mystères d'Éleusis.

*
* *

Nous devons faire une remarque importante à propos du pouvoir de guérison des chamanes, car elle éclaire les guérisons miraculeuses de tous temps et de tous pays. Les chamanes ne soignent que « les maladies tranquilles ». Ils ne prétendent à aucun pouvoir sur la dysenterie, la rougeole, la scarlatine, les scrofules, la syphilis...; ils ont une peur effroyable de la petite vérole. En somme, ils n'agissent efficacement que dans les maladies où les altérations du système nerveux prédominent.

Nous ne connaissons aucune guérison par remplacement de matière perdue : on ressuscite les morts, on fait marcher les paralytiques, parler les muets, entendre les sourds, on n'a jamais fait repousser le bras ou la jambe d'un amputé ; ça ne devrait cependant pas être plus difficile.

Toutes les maladies ont la même origine : elles ont pour cause un mauvais esprit qu'il faut chasser. Aussi le procédé de guérison est-il toujours le même. On peut séduire l'esprit par un don et alors il s'en va de bonne volonté ; ou il refuse les dons, et il faut employer la force. C'est alors une terrible lutte entre le chamane et l'esprit, et cette lutte peut entraîner la mort du chamane.

« Les maîtres, dit M. Sieroxewski, mettent tant d'art dans les effets d'ombre et de lumière, savent si habilement faire alterner le silence le plus profond avec les bruits les plus étranges ; dans leur voix vibrent des sons si implorants, si menaçants, si harmonieux, si effrayants ; le roulement de leur tambourin correspond si bien à la tension d'esprit du moment ; leurs hymnes, leurs chants, leurs récits sont pleins de mots si inattendus, de comparaisons si audacieuses, qu'un Européen ne pourra s'empêcher de subir la sauvage éloquence de cette âme indomptée. Le sorcier ne cesse de danser, de tambouriner, de chanter ; il fait des bonds prodigieux, tantôt vers le sud, tantôt vers l'est ou vers l'ouest. La tête inclinée tremble fébrilement ; ses cheveux se collent sur son visage en sueur ; sous ses paupières à demi fermées brille un œil hagard. »

Et le malade est soulagé et parfois guéri.

*
* *

Le 20 juillet 1903, il s'est passé au Relecq, près Brest, un fait vraiment extraordinaire, appartenant au domaine du miracle, parfaitement naturel sans doute, mais de difficile explication.

Une paysanne, indiscutablement muette depuis vingt-huit ans, a soudainement recouvré la parole à la suite d'une frayeur causée soit par une hallucination, soit par l'apparition subite de quelque chemineau réel — l'hallucination complète semble d'ailleurs plus vraisemblable.

La « miraculée », comme on l'appelle maintenant dans le pays, perdit la parole à l'âge de douze ans, à la suite d'une fièvre cérébrale; elle vient d'atteindre la quarantaine.

Bien que ses parents fussent de pauvres journaliers, elle fréquenta l'école jusqu'à sa maladie. Pendant son mutisme, elle continua ses lectures. Elle entendait très bien et répondait à tout, soit par le geste, soit par l'écriture. Indubitablement elle ne cessa jamais de se parler à elle-même et de répondre aux autres, par la parole, *mentalement,* sinon effectivement.

Devenue orpheline, après avoir vécu de mendicité, courant les routes sans abri régulier, faute de

gens qui consentissent à l'employer à cause de son
infirmité, elle finit par trouver une place à la ferme
du Mendy, où elle fut traitée avec égard, remplis-
sant, de son côté, avec zèle ses fonctions de gar-
dienne de bestiaux.

Le 20 juillet, elle rentra à la ferme toute agitée
devançant l'heure de la rentrée du bétail. La fer-
mière resta stupéfaite quand, à ses reproches aigre-
ment criés, au lieu de répondre par gestes, la ser-
vante lui dit : « Je ne puis garder vos vaches, elles
sont trop émoustillées. » Ce fait tend à faire suppo-
ser que l'hallucination dont nous allons parler avait
pour cause un être réel.

Après cette réponse, elle tomba sans connaissance. Elle sortit de cet état sanglotante et suffoquée
et raconta, non sans peine, comment la parole lui
était revenue.

Assise dans un champ bordant la mer, en un lieu
très pittoresque, ayant sous les yeux le spectacle
grandiose de la rade, elle rêvait et priait, car elle
est fort pieuse.

Tout à coup, un vieillard à barbe blanche lui
apparut. Prise de peur, elle se releva brusquement ;
le vieillard lui dit : « Ne craignez rien, je vous apporte la grâce que vous demandez depuis si longtemps. »

Alors la muette, secouée dans tout son être,
s'écria : « Mon Dieu ! »

Puis elle demanda au vieillard s'il était le bon Dieu. L'apparition répondit : « Je ne suis pas le bon Dieu, mais je viens de sa part ; priez beaucoup, car les temps sont mauvais. » Puis il ajouta : « Au revoir dans le paradis ! » et disparut.

Le messager de Dieu n'avait pas une mise élégante : chapeau défoncé, paletot déchiré, pantalon jadis blanc, rapiécé, souliers éculés ; il s'appuyait sur une canne blanche.

Le pays se divisa en deux camps : l'un croit au miracle ; l'autre déclare le fait extraordinaire, mais naturel. Le curé se prononça pour le fait naturel, mais il y eut une poussée populaire vers le miracle.

L'herbe du champ de la vision a été arrachée et des dévotes de Brest (de la classe paysanne) ont, comme amulette, des brins de cette herbe dans leur porte-monnaie. Si des intrigants avaient exploité cette femme, ils auraient pu lui faire jouer un rôle important à ce moment où l'effervescence religieuse sévissait très intense, le pays étant surchauffé par les « Croix », la presse cléricale et les sermons trop souvent imprudents du clergé.

Le fait indiscutable est celui-ci : une enfant comme toutes les autres, que rien ne signalait, fréquentant l'école, sachant lire et écrire, à la suite d'une fièvre cérébrale, est restée muette à l'âge de douze ans ; à quarante, la parole lui est subitement revenue, à la suite d'une émotion violente causée

soit par une hallucination complète, soit par une
hallucination provoquée par la présence imprévue
d'un personnage réel. Toutefois, on n'a signalé dans
le pays le passage d'aucune personne répondant
plus ou moins au signalement donné.

N'y a-t-il pas lieu de remarquer que la miraculée
a perdu et recouvré la voix (la voix plutôt que la
parole) à des époques où commence une importante
révolution dans l'organisme féminin ?

*
* *

Avec les fouilles faites dans l'île Tibérine, re-
trouvant, près de l'autel, les ex-voto riches ou
humbles, en argent ou en terre cuite, témoignage
de la reconnaissance des malades que le dieu a sou-
lagés ou guéris, nous assistons aux cures qui s'ac-
complissent. Nous revoyons toute la clientèle,
pauvre ou misérable, qui passe la nuit sous les por-
tiques, attendant l'apparition d'Asclépios apportant
un remède à ses maux.

*
* *

Celui qui étudie le Talmud, écrit le professeur
Schechter, observe que des miracles tels que la
prédiction de l'avenir, la résurrection des morts,
l'expulsion des démons, la traversée des rivières à

pied sec, la guérison des malades par contact ou
par la prière, étaient accomplis par des multitudes
de rabbins.

*
* *

J'ai lu dans les journaux avec une stupéfaction
ingénue (ce qui prouve mon ignorance, mais aussi
mon innocence) qu'après son élection, revêtu de
ses habits pontificaux, dans la *sedia gestatoria,* le
nouveau pape a reçu la première adoration.

Ceci est du lamaïsme pur, nous sommes en plein
Thibet. C'est sans doute fort bien au Thibet, mais
ne s'accorde guère avec notre état mental européen.

*
* *

Auguste Comte s'est montré bien dur pour Julien
l'Apostat, qui n'a pas été apostat du tout, n'ayant
jamais accepté le christianisme. Doué d'une vaste
intelligence, d'un noble caractère, d'une énorme
puissance de travail, il se laissa trop facilement
impressionner par les aberrations du christianisme
contemporain qui, malgré tout, portait en lui le
germe de l'avenir. Le christianisme n'avait pas mo-
ralisé le monde (rude besogne, en effet), Julien
crut le moraliser en retournant à l'hellénisme. Les
mœurs des chrétiens laissaient, il est vrai, fort à

désirer ; à la cour, notamment, ils étaient très corrompus. De plus, les luttes doctrinales et les subtilités métaphysiques ouvraient un champ de disputes furieuses et souvent sanguinaires.

L'austère empereur ne comprit pas que le christianisme officiel recouvrait un christianisme vivant, et que le premier n'avait pas étouffé le second et ne l'étouffera jamais.

Sous la religion dogmatique, fille du génie grec, vit une religion morale toute de sentiment, de compassion, de pitié, d'altruisme.

Pour le christianisme officiel, l'important est d'accepter ses dogmes et ses rites ; la pratique de l'altruisme est tout le christianisme vivant.

Julien ne reconnut pas, sous cet appareil d'observances, absolument étranger au christianisme primitif, cet amour profond de l'humanité qui, en dépit de tout, fait l'impérissable force du christianisme.

*
* *

L'exemple du monastère de Berne (de 1507 à 1509) nous montre combien les religieux se laissent trop aisément tenter par les fraudes pieuses. Opposés à la doctrine de l'Immaculée Conception, ces moines firent tranquillement apparaître la Vierge pour éclaircir le cas. Enhardis par de premiers succès, ils eurent le tort d'évoquer, de plein jour, des apparitions où la fraude apparut patente. On peut largement compter sur la bêtise humaine ; cependant il est des limites qu'il ne faut pas franchir. Un frère lai mangea le morceau et les coupables (après torture, suivant l'usage du temps) furent livrés au bras séculier.

Sans doute l'enquête fut ordonnée par le pape, mais si les fraudeurs s'étaient montrés moins maladroits, et si, au lieu d'être contraires, ils avaient été favorables à une doctrine bien vue en haut lieu, qui pourrait dire que la comédie eût eu une fin aussi tragique ?

*
* *

A-t-il de la chance, ce saint Antoine de Padoue ! il a crédit même dans le ciel de Mahomet. Les marins musulmans de Scio en détresse lui promettent des cierges ; ces braves gens pensent que l'important est d'avoir du secours d'où qu'il vienne.

*
* *

Il est bien difficile d'admettre que saint Paul n'ait pas connu la vie de Jésus, puisqu'il s'est indiscutablement trouvé en relations avec ses disciples immédiats ; mais, chose étrange, il ne semble pas, à ses épîtres, qu'il se soit enquis des traditions évangéliques. Il produit cette impression : le Jésus ressuscité du chemin de Damas l'a assez absorbé pour le désintéresser du Jésus vivant.

*
* *

La croyance au double (taïsh en Écosse) persiste dans les Hébrides, à Man, dans les campagnes de l'Irlande. Ce double invisible, pour le commun, est perçu par les voyants ou gens doués de la seconde vue. Ce double est précisément l'élément subtil des Hellènes, différent du corps, mais lui ressemblant ; il hantait d'abord les alentours du cadavre, puis les lieux où vécut le défunt. Dans cet état, le mort, chez les Grecs, avait une influence considérable sur les affaires de ses proches et de ses concitoyens. De là le culte des ancêtres, des héros. Tout immatériel qu'il fût, ce double n'en avait pas moins besoin de logement et de nourriture. Nous constatons par les vestiges d'aliments trouvés dans les dolmens les mêmes besoins chez les morts mégalithes.

Ces morts vécurent d'abord d'une vie isolée, dans leur tombeau ou dans les environs, soit chez les Mégalithes, soit chez les Égyptiens, soit chez les Grecs.

Plus tard, quittant leurs cendres, les morts grecs se rencontrèrent dans l'Hadès, où ils menaient une

vie vaguement analogue à la vie terrestre. Chez
les Égyptiens, les morts se rendirent aux champs
d'Ialou, où ils vivaient d'une existence bienheu-
reuse ; mais la route, pleine de détours, encombrée
d'obstacles, était gardée par des monstres. Pour se
reconnaître, il fallait un guide ; aussi déposait-on
dans la tombe de tout Égyptien le *livre des morts,*
contenant les indications nécessaires pour se reconnaître dans ce dédale et les formules propres à
écarter les esprits infernaux. Les Indiens d'Amérique se rendent (par des routes longues, difficiles,
hérissées de dangers) à des villages semblables aux
leurs où ils retrouvent les défunts de leurs familles.
Là ils chassent, pêchent en pirogue, abattent le
gibier de leurs flèches.....

Ce double, dont l'existence est universellement
admise par les primitifs, n'est autre chose que le
corps astral des spirites. En Écosse, visibles pour
les seuls voyants, ces doubles ou taïshs se séparent
très bien de la personne, se promènent loin d'elle
et mènent une vie assez indépendante. Pendant le
sommeil, le double de l'Indien va souvent aux ren-
seignements dans le camp ennemi. La seconde vue
en Écosse est plutôt considérée comme un malheur.
La rencontre des doubles, en effet, n'offre aucun
attrait, car ils troublent votre quiétude en vous
annonçant invariablement des malheurs. La nuit
ils se réunissent en longues processions pour con-

duire un mort au cimetière avec tous les rites des funérailles.

*
* *

Les Égyptiens invoquaient le dieu mort et ressuscité, afin qu'il protégeât les morts dans le voyage souterrain qui les conduisait à l'immortalité. Le dieu des vivants était Râ, le soleil vivant; le dieu des morts était Osiris, le soleil mort, poursuivant sa course souterraine et renaissant en Horos.

Que devient le soleil quand il se couche? Puisque le lendemain il reparaît à l'orient, c'est qu'il a cheminé sous terre pendant la nuit.

Mais c'est aussi sous terre que l'on dépose les morts... le sous-sol est donc le monde des morts comme le sol est le monde des vivants.

Avant Jésus, Hercule, Adonis, Osiris, avaient visité le monde des morts.

D'autre part, il se passe en terre des phénomènes merveilleux que le primitif attribue naturellement à des esprits : vous enfouissez un grain de blé qui produit des épis; des puissances divines ont pu seules opérer cette multiplication miraculeuse.

Que ce soit dans l'Amérique du Nord, au Mexique, en Grèce, en Phénicie, des dieux souterrains procèdent à la végétation.

Dans l'Amérique du Nord, nous retrouvons les

mystères d'Eleusis et les aventures de Déméter et
de Corè.

Le sous-sol, le monde inférieur, est donc singulièrement peuplé par les esprits des morts et les
non moins nombreux esprits de la végétation.

*
* *

La secte des orphiques et des pythagoriciens,
d'après les savants, présente d'étranges ressemblances avec le bouddhisme ; c'est la même croyance
à la transmigration des âmes. Suivant ces orienta-
listes, les ressemblances sont assez marquées pour
que, sur une traduction, on puisse se demander si
tel passage est traduit du grec ou du pâli.

*
* *

Le Baucam de l'Écosse est d'ordinaire un phénomène quelconque, défiguré par notre imagination
(le plus souvent sous l'influence de la crainte) ;
telles, par exemple, les formes étranges que revê-
tent les têtards de chêne dans la nuit. La vision des
hommes sans tête qui est, en Écosse, un baucam
fort redouté, donne lieu au Cambodge à des pratiques très compliquées, dans lesquelles intervien-
nent les mandarins de haut grade pour prévenir la
mort dont est infailliblement menacée la victime
de la vision de l'homme sans tête.

*
* *

Le domovoï est, en Russie, un esprit domestique.

Le domovoï de la maison habite l'appartement où se trouve le poêle et ne le quitte pas. Un autre fréquente la chambre des bains. Parfois les domovoïs de la même maison se querellent ou même cherchent noise aux domovoïs de la maison voisine, ce qui amène naturellement de grands désordres dans le ménage.

Chez les Russes Blancs, le vasila est un domovoï qui s'occupe spécialement des chevaux, le bogan s'intéresse aux bêtes à cornes.

*
* *

Que ce soit en Australie, en Afrique, en Amérique, la danse est la principale manifestation des cultes primitifs.

David dansait devant l'arche.

La procession solennelle a remplacé la danse frénétique, toujours en vigueur chez quelques sectes musulmanes.

*
* *

L'idée de rémunération apparaît tardivement dans le polythéisme antique. On ne saurait s'en étonner : on ne la trouve actuellement dans aucune société restée à l'état primitif ; je l'ai constaté en

Calédonie et sur la côte d'Afrique. Il en est de même chez les Indiens, les Polynésiens, les Australiens. L'idée de rémunération morale, observe M. d'Alviella, pénétra dans les Mystères d'Eleusis par la porte de la piété rituelle. En effet, on exclut de l'initiation non seulement les criminels ou les coupables de fautes graves, mais les accusés qui n es'étaient pas justifiés.

*
* *

Avant le christianisme, presque toutes les religions asiatiques mirent en scène un dieu mourant pour ressusciter : Attis, Adonis, Sabazios, Zagreus.

La célébration, par de grandes fêtes, de la mort et de la résurrection d'Adonis était nécessaire à la fertilité des champs et à la fécondité des troupeaux et des familles. Les fêtes agricoles des Moquis du Canada semblent calquées sur celles d'Adonis.

La croyance si générale aux dieux qui meurent pour renaître a sûrement son origine dans la mort de la végétation pendant l'hiver et sa résurrection au printemps. A cet égard, les Mystères d'Éleusis offrent une grande analogie avec certaines pratiques religieuses chez les Peaux-Rouges.

Chaque exploitation agricole des anciens Européens eut d'abord son génie particulier qui personnifiait la moisson. A mesure que l'on coupe le blé,

l'esprit de la moisson abandonne les blés coupés
pour se réfugier dans ceux qui sont encore debout.
Il arrive ainsi à se concentrer dans la dernière
gerbe, qui est la Mère de la moisson suivante.

Pour faire passer cet esprit dans la moisson suivante, on recourra à des moyens de formes diverses,
mais au fond identiques. Par exemple, on brûlera
la dernière gerbe et l'on mêlera ses cendres aux
semences. Chez des christianisés, on déposera la
gerbe à l'église où elle restera jusqu'à l'époque des
semailles — on mêlera alors le grain consacré au
grain que l'on sème.

Quand les liens sociaux se resserrèrent, les
mères des moissons des différentes exploitations
agricoles se réunirent au profit de la plus puissante,
qui devint la mère unique. Chez les Grecs, cette
mère unique fut Déméter. Déméter fut la mère
nourricière par excellence. Corè personnifia la semence qui passe une partie de l'année sous terre,
où elle devait infailliblement rencontrer le dieu du
monde souterrain et l'épouser bon gré mal gré. L'en-
lèvement et le retour de Corè ne sont autre chose
qu'un mythe agricole de la réapparition de la moisson après ensemencement.

*
* *

Le sorcier, que ce soit en Sibérie ou sur la côte

occidentale d'Afrique, contraint les esprits à lui obéir par des incantations et des formules. Par ses formules, le prêtre contraint la divinité à s'incarner dans l'hostie.

*
* *

D'après les Yakoutes, herbes, pierres, montagnes, étoiles, tout a une âme, aime, souffre et peut mourir.

Ils appellent la Voie lactée *la Couture du ciel* — elle divise, en effet, très nettement la voûte céleste en deux zones égales. Nous y sommes en plein et c'est précisément pour cela que nous ne pouvons connaître sa constitution. Tant il est vrai que, d'ordinaire, c'est notre propre milieu que nous avons le plus de peine à observer et à comprendre.

*
* *

Comme tous les primitifs et demi-civilisés (voire civilisés et plus encore ceux-ci peut-être), les Yakoutes ont les idées les plus vagues sur l'au-delà. Comme la plupart des hommes encore, ils ne s'en préoccupent guère pendant qu'ils se portent bien. Le Yakoute accepte d'ailleurs la mort avec une grande sérénité ; il dira volontiers à ses derniers moments : « Donnez-moi du beurre fondu, de l'eaude-vie et de la viande, je veux goûter encore à tout ce qu'il y a de bon sur la terre. »

Il fait venir le chamane pour chasser les mauvais esprits et le prêtre orthodoxe à qui il demande l'administration des sacrements, se mettant ainsi en règle avec ses vieilles croyances et ses croyances nouvelles. Il agit comme Rollon. A ses derniers moments, l'ancien roi de la mer léguait de grands biens aux monastères et faisait sacrifier cent victimes humaines aux divinités normandes ; puis il s'endormit du sommeil du juste avec la conscience d'avoir rempli ses devoirs envers ses anciens et ses nouveaux dieux.

*
* *

Les idées les plus contradictoires voisinent très bien dans le même cerveau, une couche d'idées nouvelles se superpose sur une couche d'idées anciennes aussi naturellement que deux couches géologiques.

Sous ce rapport, les croyances des Yakoutes, depuis leur soumission aux Russes, donnent lieu à de curieuses remarques. Comme tous les non-civilisés, au moment de l'inhumation, ils déposent dans la tombe les objets nécessaires à une vie posthume semblable à la nôtre : marmite, ciseaux, armes et ustensiles ; mais, par-dessus cette couche de croyances préhistoriques, s'étalent des croyances chrétiennes, telles que celle du jugement dernier. L'ange de la catastrophe finale, sonnant de la trompette, volera dans les espaces au-dessus des corps des morts flottant à la surface des eaux du déluge universel. Ce qui n'empêche pas de planter des croix sur les tombes, parce que, si la présence du mort n'était point signalée par cet emblème, l'ange passerait à côté de lui sans le réveiller.

*
* *

Comme chez les Iraniens et les Hindous, le feu jouit d'une grande considération chez les Yakoutes. Fréquemment la ménagère offre au feu un peu de beurre ou de nourriture, un brin de fil ou même un cheveu. L'esprit du feu est un vieillard très barbu et très bavard, mais il n'y a que le chamane et les enfants qui le comprennent. Comme pour tous les primitifs ou demi-civilisés, pour ces Sibériens, tout vit de l'herbe aux étoiles qui marchent ; car ils observent le cours des planètes. Des voyageurs ont constaté chez quelques-uns d'entre eux une vue assez perçante pour distinguer les satellites de Jupiter. Les étoiles filantes sont des esprits mourants.

Il y a des esprits de toutes sortes flottant un peu partout dans l'air ; les *uor*, très malfaisants et très dangereux, torturent leurs victimes dont ils dévo-

rent l'âme. Les hommes extraordinaires par leurs
exploits ou leurs vices deviennent des uor. Les esprits célestes se divisent en deux grandes catégories :
ceux du ciel d'en haut et ceux du ciel d'en bas. Les
premiers sont les plus puissants et les meilleurs,
malheureusement ils prennent peu d'intérêt aux
affaires humaines. Le chef des esprits d'en haut,
Art Taïon, le Seigneur Père, a créé les hommes,
dont il s'occupe rarement. Oulou Taïon, chef des
esprits d'en bas, plutôt bon que mauvais, mais très
vindicatif, se préoccupe vivement des événements
terrestres.

En somme, Art Taïon s'en remet à Oulou Taïon
pour le gouvernement des hommes qu'il a créés.

Nous retrouvons également sur la côte d'Afrique
un dieu créateur, assez peu soucieux de ses créatures pour abandonner leur sort à un autre dieu. Art
Taïon réside dans les sphères supérieures du ciel où
il resplendit comme le soleil, son emblème ; tout-
puissant, il n'aime pas qu'on trouble son repos.

Le gouvernement céleste se modèle toujours sur
le gouvernement terrestre. Le dieu sibérien est un
monarque asiatique au pouvoir sans limite, pouvoir
qu'il délègue à un premier ministre afin de vivre
dans le faste et la mollesse.

Il n'est pas sans analogie avec le dieu transcen-
dant de la métaphysique judéo-alexandrine délé-
guant ses pouvoirs au *Logos*.

Oulou Taïon, chef des esprits d'en bas, est aussi actif que son supérieur, chef des esprits d'en haut, est indolent. Agissant à l'ombre d'un despote oriental, il est en réalité le ministre émancipé d'un maître nominal. Il se mêle de tout et commande les esprits inférieurs auxquels tout est soumis ici-bas. Aussi tout phénomène peut-il être modifié par la prière, la rançon ou la lutte ; le chamane connaît le choix à faire entre ces procédés d'action sur les esprits. Selon le cas, le chamane indique l'offrande propre à fléchir l'esprit, ou bien il soutient contre lui une lutte dans laquelle il peut trouver la mort.

*
* *

Sous l'influence chrétienne, les Yakoutes ont baptisé du nom de « Satan » le *vieillard souterrain* dont la résidence est au nord.

L'idée d'un dieu souterrain s'impose dans l'animisme primitif. Il faut bien un esprit actif, travaillant sous terre, pour y préparer toutes les merveilles qui jaillissent à la surface du sol.

*
* *

Le Seigneur des Puissants prête une oreille attentive à la voix des grands chamanes. Le chamane est le conseiller, l'espoir du Sibérien dans les dures

épreuves de la vie. Il doit posséder les vertus qui
forment le trésor du cœur humain.

Nous observons pour la millième fois, au sujet
des chamanes, ce fait singulier au premier abord :
retrouver les mêmes conceptions (bizarres, souvent
même extravagantes pour notre mentalité) sous les
cieux les plus divers. Ainsi, dans des contrées de
notre Sénégal, les forgerons sont sorciers ; chez les
Yakoutes, on entend ce proverbe : « Forgerons et
chamanes sont dans le même nid. »

J'ai constaté à Grand-Bassam la supériorité des
féticheuses sur les féticheurs ; la supériorité des
chamanesses est également incontestée.

*
**

Les âmes des chamanes, dit M. Sierozewski,
errent de par le monde, mais elles restent invisibles
pour le commun des hommes ; il n'est donné qu'aux
initiés de les voir.

C'est bien le corps astral des spirites, le double
des Égyptiens, les taïshs de l'Écosse et de l'Irlande,
visible seulement pour les gens doués de la seconde
vue.

Tout chamane a son esprit protecteur personnel,
son amagat. La possession de l'amagat est indépendante de la volonté ; c'est un fait du hasard et de la
destinée. L'amagat est plus maître du chamane que

le chamane ne l'est de son amagat. L'amagat s'empare de qui il veut, quand il veut. Les grands chamanes emmènent parfois avec eux leur amagat dans le ciel; ils deviennent alors des esprits très puissants.

*
* *

Les Yakoutes ont, au printemps, de gracieuses fêtes présidées par Aysit, la déesse de la procréation. Le jour où on l'invoque, on pare la yourte ; on s'assied, revêtu d'habits de fêtes, à un succulent repas afin que la déesse, à son entrée, ne trouve que des visages riants.

Aysit préside aux naissances. Quand l'enfant vient au monde, on jette du beurre dans le feu, en disant : « Nous te remercions de tes bontés, ô Aysit, et nous te prions de nous les conserver. »

Trois terrines de beurre sont préparées : une pour Aysit, une seconde pour la vieille garde-malade, la troisième pour les voisines.

Les greffiers célestes ont déjà enregistré les destinées de la nouvelle âme : « Mais, nous dit M. Sierozewski, cette âme n'oubliera pas le monde étoilé ; elle ne cessera d'y aspirer, elle aura la nostalgie de sa première patrie. »

*
* *

En Nouvelle-Zélande, les chefs montent par l'arc-en-ciel en leur céleste demeure ; pour les Groenlandais l'arc-en-ciel est le chemin des âmes.

*
* *

Les hommes ont toujours été disposés à charger quelque dieu de ce qui les intéresse (aujourd'hui nous chargeons de nos petites affaires les saints, successeurs des petits dieux). Les Chinois ont poussé très loin la division du travail chez les dieux : ainsi ils ont dieu spécial pour empêcher les petits enfants de tomber de leur lit.

Aucun peuple n'entasse plus aisément croyances sur croyances et ne fait voisiner plus aisément les dieux les plus divers. Dans le même temple ou le même recueil d'images, il groupe, côte à côte, les vieilles divinités naturistes Ciel et Terre — l'antique culte des ancêtres — le bouddhisme, auquel il prend Çakia-Mouni et ses plus grands saints — le taoïsme, auquel il emprunte Lao-Tseu et ses plus importants personnages — Confucius et ses disciples — les dieux de la foudre et de la pluie — le dieu de la guerre — le dieu qui préside aux examens, comme saint Antoine de Padoue ou saint Expédit — la kyrielle de divinités qui s'occupe de tous nos besoins, chacune suivant sa spécialité (par exemple, le dieu des bestiaux qui accomplit la besogne de saint Cornély à Carnac) — les déesses de la scarlatine et de la petite vérole.

Bref, les Chinois ont autant de dieux que nous avons de saints. Les uns et les autres se livrent aux mêmes occupations et nous rendent les mêmes services.

*
* *

Pour le jaïnisme, la destinée de l'homme est de se faire moine. Le moine ne portera atteinte à aucune vie, il n'arrachera pas un brin d'herbe ; son égoïsme n'en est pas moins révoltant : pour lui, la suprême sagesse est la parfaite indifférence à tout.

*
* *

Tandis que l'âme hindoue, avide de délivrance et de paix, se laissait absorber par son idéalisme absolu (tout en laissant subsister les plus grossières pratiques du fétichisme), l'esprit grec, poussé par son ardente curiosité, s'abandonnait avec ardeur à son besoin de recherche et de science.

*
* *

En absorbant tous les êtres dans l'unité abstraite du Grand Tout, les Hindous ont fondé le despotisme oriental qui absorbe l'individu.

Il n'est donc pas étonnant que le bouddhisme trouve des adeptes en Europe à une époque de tendance à l'absorption des énergies individuelles par l'État.

Après avoir étouffé l'individualisme, l'hindouisme tend à étouffer la volonté ; le péché étant, pour lui, un obscurcissement de l'intelligence et non une perversion de la volonté.

Nous sommes tombés dans une erreur analogue, dont nous revenons d'ailleurs. On avait fondé sur l'instruction des espérances exagérées ; on s'est vite aperçu que le développement des facultés morales a bien plus d'importance que le développement des facultés intellectuelles.

Ce qui fait l'homme, par-dessus tout, c'est une volonté droite.

*
* *

M. Leclère, résident au Cambodge, donne la traduction du plus célèbre des jataka du bouddhisme, récit des événements qui ont suivi la renaissance du Bouddha, sur cette terre, en qualité de prince héritier.

Nous admettrions difficilement sa générosité aux dépens d'autrui.

Il commence par donner l'éléphant royal ; puis, sur le chemin de l'exil que lui a valu cette libéralité inconsidérée, il donne successivement son char, ses chevaux, sa femme et ses deux enfants.

*
* *

Assurément le sacrifice de soi est chose admirable, mais vraiment le bouddhisme le pousse un peu loin.

Voici ce que l'on trouve dans une traduction chinoise du recueil bouddhique « Jataka mala » :

« A une époque reculée vivait un roi nommé « le Grand Char ». Il avait trois fils. Tous trois se promenaient quand ils aperçurent, dans un bois de bambous, une tigresse avec ses sept petits. L'aîné des fils du roi dit : « Ses petits l'entourent et ne lui donnent pas le temps de chercher sa nourriture; épuisée par la soif et par la faim, elle va certainement manger ses petits. » Le second fils dit à ces mots : « Hélas ! cette tigresse, à bref délai, va mourir ; comment pourrais-je sauver sa vie ? » Le plus jeune fils réfléchit : « Mon corps, au milieu de centaines et de milliers de renaissances, s'est inutilement gâté et anéanti, jamais il n'a rendu le moindre service. Pourquoi ne le sacrifierais-je pas aujourd'hui ? Il faut contraindre mon corps à une grande et généreuse action. Je dois maintenant le sacrifier pour obtenir le suprême et véritable nirvâna. »

Louanges des êtres célestes.

La tigresse ne laissa que les os qui devinrent des reliques.

*\
* *

En fouillant les archives du ministère des affaires étrangères, M. de Castries découvrit deux lettres singulièrement originales, adressées par Moulay Ismaïl, empereur du Maroc, à Jacques II réfugié en France. Les Marocains appellent « grand et pieux sultan » ce despote aux instincts sanguinaires ; mais nous n'avons pas besoin d'aller au Maroc pour apprendre que piété et cruauté marchent souvent de compagnie. Moulay est d'ailleurs un théologien très ferré. Il est curieux de voir les efforts de ce souverain implacable pour amener à la religion musulmane un prince chrétien détrôné. Ci-après quelques citations de ces lettres étranges :

« Il faut donc que vous sachiez que Dieu — dont le nom soit glorifié et les attributs sanctifiés — n'a créé toutes les créatures que pour le servir... Ce culte que Dieu a enjoint à ses créatures a besoin de médiateurs de leur propre espèce, pour faire savoir à ces créatures ce qu'il leur a ordonné... le dernier et le sceau de ces médiateurs, apôtres et prophètes et le premier et le Seigneur d'iceux, est notre Seigneur Mahomet — à qui Dieu donne ses bénédictions.

« Nous croyons que le Messie Jésus, fils de Marie

— sur qui soit le salut — est un des prophètes en-
voyés par Dieu, mais il n'a jamais prétendu aux
titres que vous soutenez lui avoir été donnés, ni
aux formules exagérées avec lesquelles vous le
louez... car Dieu est seul et bien au-dessus de la
qualité d'avoir un fils... lui, le Messie descendra sur
la terre au jour du jugement, il y trouvera le Mehdi,
qui est de la nation musulmane, descendant de
la ligne de Fatimi, fille de Mahomet, et il fera la
guerre à l'Antechrist...

« Quel avantage trouvez-vous à être retiré de
votre patrie, éloigné de votre peuple et de vos su-
jets et sorti de la religion de vos pères et aïeux pour
embrasser une autre religion que celle de votre
peuple ? Et quoique en général toutes vos sectes
soient un tissu d'erreurs et de fourvoiement, cependant votre véritable secte, à vous, est celle d'Henric
(Henri VIII) qui est plus raisonnable que les autres
qui sont embourbées dans l'infidélité. »

« Dieu a dit : « Maudit soit l'homme qui adore des
« idoles ! » et je suis dans le dernier étonnement que
vous ayez abandonné la foi de vos pères pour en
prendre une pire et non une meilleure. »

Dans ces deux lettres, Moulay Ismaïl exprime à
Jacques II le regret de n'avoir pas de marins assez
instruits pour leur confier des troupes de débarque-
ment et le rétablir sur son trône.

* *
*

Le béhaïsme, nouvelle religion éclose en Perse, est digne de toutes nos sympathies. Si elle pouvait s'étendre en dehors de son pays d'origine, ce serait le salut du vieil Orient, qui entrerait avec elle dans la voie de la civilisation européenne.

Pour exprimer sa largeur de vue, il suffira de dire que le béhaïsme considère les révélations de Moïse, l'Évangile et le Qoran comme les *pages déchirées* d'un livre unique (le livre de Dieu). Si nous n'en saisissons pas l'unité, il faut nous en prendre à l'infirmité de notre intelligence.

Suivant Béha, Dieu communique avec les humains par l'intermédiaire des prophètes, ou plutôt du prophète, car le même esprit les inspire et les anime. Moïse, Jésus, Mahomet sont des prophètes égaux. Moïse prépara Jésus, comme Jésus prépara Mahomet, qui lui-même annonça le Bab, comme le Bab annonça Béha.

La théologie de l'Islam, d'ailleurs, présente Jésus comme l'annonciateur de Mahomet. Dans la curieuse lettre de Moulay Ismaïl, empereur du Maroc, à Jacques II, roi d'Angleterre détrôné, l'empereur du Maroc dit à Jacques : « Il n'y a rien de plus certain que Jésus a annoncé la venue de Mahomet, comme Moïse, fils d'Amram — sur qui soit le salut — a annoncé la venue de Jésus. C'est un article de foi parmi nous de croire à tous les prophètes et nous ne faisons pas de différence entre eux. »

Béha est porteur d'un livre divin, comme le sont la Bible, les Évangiles, le Qoran.

Chaque prophète abroge l'enseignement de ses prédécesseurs, parce que chaque nouveau prophète apporte des vérités plus hautes, quand l'humanité est apte à les recevoir.

Ainsi que le dit fort judicieusement M. A. Nicolas, à qui nous devons de très profondes études sur le béhaïsme, le globe terrestre, comme un immense collège, reçoit à divers moments des professeurs instruits à l'Université de Dieu, qui nous font passer de l'enseignement primaire à l'enseignement secondaire et, de celui-ci, à l'enseignement supérieur.

Le béhaïsme se rattache également au judaïsme, au christianisme, à l'islamisme et pas plus à l'un qu'à l'autre. Il réconcilie les trois rivales, il est le couronnement des trois religions qui l'ont précédé.

1270 ans après Mahomet, le Bab est venu accomplir la mission que Dieu lui avait confiée. Après lui vint Béha, prophète complet comme Moïse, Jésus, Mahomet et le Bab. Béha succède au Bab après un court intervalle, tandis que de longues années s'écoulèrent entre les autres prophètes, voilà toute la différence.

Béha n'est pas plus lié par les déclarations du Bab que Mahomet ne le fut par les déclarations de Jésus, chaque prophète apportant à l'humanité un enseignement supérieur.

« Si j'ouvre le livre intitulé *Farahed*, dit M. A. Nicolas, j'y trouve ceci : « Sache ce que croient les
Behahis : ils croient que tous les écrits de Dieu,
tous les livres divins qui existent sont d'accord avec
la Bonne Nouvelle. Qu'il souffle enfin le zéphyr de
la miséricorde, que le nuage de la justice s'étende
de tous côtés, qu'il se résolve en pluie de bienfaits,
pluie qui abatte la noire puissance des violences et
les tourbillons de la tyrannie! Alors les cieux des
religions diverses seront repliés, les os pourris de
la religion retrouveront une nouvelle vie. »

Au point de vue social, politique et humanitaire,
les ouvrages de Béha sont à la hauteur de nos
écrits les plus libéraux; évidemment Béha est au
courant des grandes tendances européennes.

*
* *

Ce qui fait de l'islamisme, en dépit de ses dé-
fauts, une grande religion, c'est qu'il a supprimé
tout intermédiaire entre Dieu et le croyant. Le
musulman ne connaît pas *le prêtre;* personne n'a
une autorité spéciale pour lui administrer des sacrements. Malheureusement, la confusion faite par
Mahomet entre le spirituel et le temporel a condamné sa doctrine à l'infériorité. C'est le denier
de César qui a donné au christianisme son incontestable supériorité.

*
* *

Dionysos, Adonis, Osiris, ont bien été par leurs souffrances et leur mort les sauveurs de leurs fidèles ; mais ces souffrances n'ont pas été, comme celles de Jésus, la conséquence d'un acte volontaire.

*
* *

C'est un mouvement populaire qui a divinisé l'ouvrier, le chemineau vagabond qui s'est fait crucifier par amour de la masse souffrante et opprimée.

*
* *

Par le contact du christianisme primitif avec l'hellénisme, le Christ métaphysique a absorbé le Jésus de l'Évangile.

*
* *

Certainement Jésus espéra d'abord fonder le royaume de Dieu de son vivant ; ce n'est que quand la mort lui parut inévitable qu'il reporta ses espérances dans l'avenir. Sa pensée, à ce sujet, semble d'ailleurs avoir varié suivant les circonstances et suivant l'heure : car s'il a cru, en désespoir de cause, à la brusque apparition apocalyptique du royaume, il n'en travaillait pas moins au développement graduel de ce royaume et confiait au sol une semence qui demandait du temps pour croître et rapporter du fruit.

Qu'importent ces fluctuations ? En a-t-il moins aimé les hommes d'un amour immense et cet amour ne l'a-t-il pas conduit au plus affreux supplice ?

Qu'importent ses appréciations plus ou moins erronées sur le régime de la nature ou les nécessités de la vie, nous a-t-il, oui ou non, fourni le magnifique symbole du sacrifice de soi à l'amour de l'humanité ?

**
**

« Ce n'est pas le christianisme qui a fait un devoir aux Égyptiens de donner du pain à ceux qui ont faim, de l'eau à qui a soif, des vêtements à qui est nu, un abri aux voyageurs. » Ce n'est pas le christianisme qui a donné cette loi aux Perses : « Montrez-vous pitoyable pour le paysan pauvre, pour tous ceux qui sont faibles et sans défense. » Ce n'est pas lui qui a écrit cette sentence du *Mahâbhârata :* « Ne nuis à personne par la pensée, la parole ou l'action. » Ce n'est pas lui qui a dicté à Confucius cette formule : « La bienveillance est l'élément et la marque de l'humanité. »

Voilà ce que m'écrit un membre de l'Université, dont la grande prétention est d'être antichrétien, mais qui n'en est pas moins un des meilleurs chrétiens que je connaisse.

Ce qu'il dit est incontestable.

J'ajouterai même : ce n'est pas le christianisme qui a prescrit aux singes de la même bande de se porter parfois secours entre eux, avec un dévouement que nous devrions bien imiter.

Jésus n'a inventé ni la pitié ni la bienveillance. Il n'a pas inventé ce sentiment de charité qui anime si souvent les animaux.

En exagérant le dire de Renan, admettons même qu'il n'ait guère fait que répéter Hillel.

Mais Hillel n'a pas été crucifié, pas plus que Confucius et Marc-Aurèle. Ils n'ont connu ni les angoisses de Gethsémani ni les tortures du Golgotha.

C'est *sa fin tragique* qui a fait de Jésus *le symbole* du sacrifice et du dévouement. Cela est, parce que cela est. Le raisonnement n'a que fort peu de chose à voir en tout ceci.

L'homme a besoin de symboles. L'Aigle n'a-t-elle pas joué un rôle important dans l'histoire romaine ? l'Aigle n'était-elle pas la représentation très fidèle de l'idéal du guerrier antique, qui était de fondre sur le faible pour le dépouiller ?

Toute grande religion éthique est fondée sur *une personne*. Marc-Aurèle et Sénèque, entourés de flatteurs et de courtisans, vivant au milieu des honneurs et des grandeurs, sont de bien petites gens plus ou moins mal connus de quelques lettrés ; Gautama, Jésus, Mahomet, comptent par centaines

*

de millions leurs disciples. Gautama, né prince, a fui ce que tous envient pour chercher, dans le renoncement, le salut des hommes. Mahomet a vécu toute sa vie avec une simplicité de pauvre; pendant douze ans, constamment menacé dans sa vie, il subit toutes les injures et toutes les avanies.

Ce qui importe, dans la vie d'un fondateur de religion, ce sont ses actes et sa vie beaucoup plus que sa doctrine. Après lui, Sénèque a laissé de fort belles phrases et de médiocres exemples.

Ce morceau de bois, la Croix, parle autrement au cœur des masses que tous vos traités de morale, anciens et modernes. Il est la déification du sacrifice, de soi aux autres, voilà pourquoi il est un symbole éternel.

Jésus est populaire parce qu'il était du peuple, qu'il a été crucifié pour son amour des misérables et des méprisés. Il est l'exaltation du peuple laborieux et dévoué — et le peuple l'aime parce qu'il travailla de ses mains, parce qu'il était le fils d'un charpentier — parce qu'il était le travailleur promu dieu.

La Croix, symbole d'une simplicité sans égale, parle également au cœur des simples et des esprits cultivés.

Et malgré les prétentions de mon brillant universitaire de remplacer Jésus par Marc-Aurèle, le règne de la Croix n'est pas fini.

*
* *

Le Christ est une création de l'humanité, c'est un idéal humain revêtant une forme saisissable. Cette création doit s'adapter sans cesse aux variables besoins moraux et sentimentaux de l'humanité.

Le xxe siècle ne peut se prosterner devant le Christ du Symbole de Nicée, à moins de donner à ce symbole une extension et une interprétation qui le transforment. C'est non seulement notre droit, mais encore notre devoir de refondre continuellement notre idéal, de rajeunir perpétuellement notre Christ; il n'est pas ressuscité seulement dans le cœur des disciples, il doit ressusciter chaque jour en chacun de nous.

La religion de Jésus est la religion de la conscience, la religion de l'intimité de l'âme humaine avec Dieu conçu comme Père, sans intermédiaire et sans rites.

Le cléricalisme est l'antipode du christianisme.

Jésus fut, par excellence, le grand antisacerdotal.

La Croix est le symbole de l'antisacerdotalisme. La Croix nous représente le juste victime du sacerdotalisme.

*
* *

Jésus n'a pas de représentant sur la terre, il n'a que des disciples qui se réclament de son nom et s'inspirent de son amour du prochain.

*
* *

Aujourd'hui la suprême pensée de Jésus, l'amour de l'humanité, dont il reste l'éternel symbole, vit (au moins comme idéal, sinon pratiquement) dans le cœur de la plupart des hommes; croyants et incroyants, bon gré, mal gré, sont ses disciples quand ils pratiquent l'altruisme et le Maître les reconnaît comme siens.

*
* *

Il ne dépend d'aucun Français d'effacer le 14 Juillet de nos annales, il ne dépend de personne que le crucifiement de Jésus ne soit le grand fait de l'histoire.

Cela est, parce que cela est.

*
* *

Toute personne est la résultante de deux facteurs : 1° le *génie primitif* (l'*awen* des Mystères des Bardes); 2° l'influence du milieu. Quelle est l'origine de ce génie primitif? Nul ne peut le dire. L'intervention de l'atavisme est certaine, mais elle reste insuffisante pour l'explication du caractère originel de la personne. La question du génie primitif tient sans doute à l'insoluble problème de la relation du fini et de l'infini.

Jésus a certainement puisé dans son milieu l'idée

messianique ; cette idée n'est pas sienne, elle appartient tout entière à son milieu.

Voici ce qui lui appartient en propre : Par la prière, par son extraordinaire confiance en Dieu conçu comme Père, par son profond amour de l'humanité, Jésus s'est senti assez supérieur à son milieu pour se croire le Messie prédit — cette foi, il l'a imposée à son entourage par sa grandeur morale — et, en fin de compte, sa foi dans sa messianité a bien fait de lui le Messie prédit.

*
* *

Le dédain de Jésus pour les gouvernements l'a fait qualifier de *doux anarchiste* — ce jugement est juste ; mais Jésus considérait le parfait gouvernement de soi-même comme la condition nécessaire de cette anarchie idéale.

*
* *

Le christianisme, bien qu'il soit universaliste (s'étant donné pour but l'union des hommes de toutes races et de tous pays), est essentiellement individualiste, car il s'adresse toujours à la personne et jamais à l'État.

Jésus fut antipoliticien, il professait le plus parfait dédain pour la politique. On le lui a reproché

— à tort — en l'accusant de n'être pas citoyen —
ce qui n'était pas son rôle.

Il ne faut abuser de rien, de la politique moins
encore que de toute autre chose. Il est extrême-
ment utile de protester contre l'excessif envahisse-
ment de la politique dans le domaine des affaires
humaines. C'est sans doute un devoir d'être citoyen, mais il faut aussi être homme.

Le citoyen est un homme libre, je veux bien ;
mais cet homme libre est aujourd'hui singulièrement *sujet*. Il est bon d'être autre chose que le sujet
de l'État (l'esclave, avec l'État collectiviste).

En vérité, il n'y a d'homme libre que l'homme
moral.

*
* *

Le christianisme est un ferment moral. Il a et il
doit avoir une action sur la vie civile et la vie politique, mais une action indirecte par la moralisation.

Étant un idéal, il ne peut revêtir une forme pré-
cise, ni, encore moins, être converti en lois. Cet
idéal doit s'adapter sans cesse au milieu social émi-
nemment variable et toujours en progrès.

Moïse, Mahomet, ont rédigé des codes ; Jésus
s'en est bien gardé, son code eût vieilli ; sa pensée,
précisément par son imprécision, peut être indéfiniment rajeunie.

*
* *

Le christianisme dogmatique est une plante de Judée, dégénérée par sa transplantation en terrain grec.

*
* *

Jésus a été crucifié comme antisacerdotal, rien de plus antisacerdotal que les Évangiles.

*
* *

Renan a dit que Dieu prenait plus de plaisir aux jurons d'un soldat qu'aux prières d'un puritain — cela me semble évident quand le soldat, en jurant, se fait tuer pour son drapeau.

Mourir pour une idée est la suprême beauté d'une vie — c'est pourquoi la Croix est le grand symbole éternel.

*
* *

Le paganisme est le culte de la nature, le christianisme est le culte de l'humanité.

*
* *

Le christianisme de Jésus n'est rien moins qu'un système, pas même une doctrine; c'est un sentiment, c'est la religion du cœur.

L'esprit du christianisme, ce n'est pas le dogme, c'est la fraternité.

Jésus fut l'amour vivant de l'humanité.

Aimer Dieu, aimer son prochain, c'est toute la pensée de Jésus ; il vécut pour elle et par elle et n'en eut jamais d'autre.

*
* *

La révolution chrétienne a été la substitution du Dieu de la conscience aux dieux de la nature.

*
* *

Dans le sacrifice antique, on offrait des présents aux dieux, afin d'en obtenir des avantages matériels. Dans le sacrifice chrétien, le sacrifice de la Croix, Jésus se sacrifie dans l'intérêt d'autrui.

Il est le grand témoin de la paternité divine — parce qu'au milieu de ses souffrances, il meurt inébranlable dans la foi en cette paternité. La foi, que rien n'abat, en un Dieu bienveillant, Père commun des hommes, c'est, aux yeux de Jésus, le salut de l'humanité.

*
* *

L'homme est ici-bas, dit Renan, pour une fin idéale.

Quel plus grand idéal peut-on offrir à l'homme que celui de Jésus se sacrifiant pour le salut du monde? — peu importe d'ailleurs comment il comprit ce salut. Ce qui importe — et dont il reste l'éternel symbole, c'est le sacrifice de *soi*.

Pour qui s'est pénétré de l'esprit de l'Évangile, il est tout à fait invraisemblable que Jésus se soit fait crucifier pour nous racheter de la prétendue faute d'Adam.

Jésus avait la conviction qu'avec son magnifique idéal il apportait le salut — et il s'est sacrifié à son idéal.

La vraie pensée chrétienne est la divinisation du sacrifice de soi.

*
* *

Jésus est l'incarnation historique de la foi dans la paternité divine.

Nous sommes condamnés à l'anthropomorphisme; le Dieu-Père est le seul que nous puissions concevoir. La foi dans cette conception est le fruit de cette longue élaboration religieuse dont le point de départ est le fétiche. C'est le couronnement de l'immense effort de l'humanité à la recherche de ses rapports avec l'Être éternel et infini.

Nous n'avons aucune preuve de l'existence de ce Dieu-Père, hypothèse satisfaisante pour notre cœur,

contradictoire pour notre raison. Mais le cœur entraîne la raison — parce que cette foi, récompense naturelle de la pratique du bien, répond à un besoin et qu'on ne raisonne pas contre le besoin.

Cette hypothèse répond pleinement à notre besoin de consolation et de secours ; elle est une doctrine de raffermissement et d'énergie, d'élévation et de noblesse.

La tragédie du Calvaire nous apprend que le propagateur de cette doctrine n'a pas cessé d'y croire sous les flagellations, au milieu des brutalités d'une foule insultante et cruelle, dans les tortures du crucifiement.

Nous sommes placés entre la trop visible insensibilité, l'incontestable amoralité de la Nature et l'hypothèse enfantée par l'invincible aspiration de notre esprit vers une destinée supérieure à la Nature.

Nous vivons dans le monde créé et dans le monde spirituel que nous créons — lequel des deux est le vrai ?

Nancy, imprimerie Berger-Levrault et Cⁱᵉ.

LIBRAIRIE MILITAIRE BERGER-LEVRAULT ET Cie

PARIS, 5, rue des Beaux-Arts. — 18, rue des Glacis, NANCY

ARDOUIN-DUMAZET

VOYAGE EN FRANCE

COURONNÉ PAR L'ACADÉMIE FRANÇAISE

LA SOCIÉTÉ DES GENS DE LETTRES, LA SOCIÉTÉ DE GÉOGRAPHIE DE PARIS

ET LA SOCIÉTÉ DE GÉOGRAPHIE COMMERCIALE DE PARIS

VOLUMES PARUS

Chaque volume in-12, d'environ 350 pages, avec cartes, br. **3 fr. 50 c.**

Élégamment cartonné en toile souple, tête rouge . . . **4 fr.**

Envoi sur demande du catalogue détaillé des 47 volumes de la collection.

LIBRAIRIE MILITAIRE BERGER-LEVRAULT ET C⁰

PARIS, 5, rue des Beaux-Arts. — 18, rue des Glacis, NANCY.

OUVRAGES DE M. LE CONTRE-AMIRAL **RÉVEILLÈRE**

MÉGALITHISME
Élégant volume in-12. 1900. Broché . . . . 2 fr.

AUTARCHIE
Collection de volumes in-12

LIBRES PENSÉES CHRÉTIENNES
Élégant volume in-12, broché . . . . 2 fr.

PENSÉES D'UN LIBRE CROYANT
Élégant volume in-12, broché . . . . 2 fr.

LIBRE PENSEUR ET CHRÉTIEN
Élégant volume in-12, broché . . . . 2 fr.

AUTARCHIE RELIGIEUSE
Élégant volume in-12, broché . . . . 2 fr.

DOUTES ET HYPOTHÈSES
Élégant volume in-12, broché . . . . 2 fr.

POLITIQUE AUTARCHISTE
Élégant volume in-12, broché . . . . 2 fr.

MÉDITATIONS D'UN AUTARCHISTE
Élégant volume in-12, broché . . . . 2 fr.

SUR LE PONT
Élégant volume in-12, broché . . . . 2 fr.

CHRISTIANISME ET AUTARCHIE
Élégant volume in-12, broché . . . . 2 fr.

PROPOS D'AUTARCHISTE
Élégant volume in-12, broché . . . . 2 fr.

EXTENSION. EXPANSION
Élégant volume in-12, broché . . . . 2 fr.

RECHERCHE D'IDÉAL
Élégant volume in-12, broché . . . . 2 fr.

CROIX ET CROISSANT
Élégant volume in-12, broché . . . . 2 fr.

L'EUROPE-UNIE
Élégant volume in-12, broché . . . . 2 fr.

TUTELLE ET AUTARCHIE
Élégant volume in-12, broché . . . . 2 fr.

UN COUP DE SONDE DANS L'OCÉAN DES MYSTÈRES
Élégant volume in-12, broché . . . . 2 fr.

LA CONQUÊTE DE L'OCÉAN
Un volume in-12 de 355 pages, broché . . . 3 fr. 50 c.

Nancy, impr. Berger-Levrault et Cⁱᵉ.